未来产业变革

——发展态势、实践模式与政策建议

胡拥军　单志广◎编著

中国计划出版社　中国市场出版社
China Market Press
·北　京·

图书在版编目（CIP）数据

未来产业变革 ：发展态势、实践模式与政策建议 / 胡拥军，单志广编著. -- 北京 ：中国计划出版社 ：中国市场出版社有限公司，2024.1（2024.10重印）
ISBN 978-7-5182-1572-0

Ⅰ. ①未… Ⅱ. ①胡… ②单… Ⅲ. ①产业－技术革新－研究－中国 Ⅳ. ①F124.3

中国国家版本馆CIP数据核字(2023)第245900号

未来产业变革——发展态势、实践模式与政策建议
WEILAI CHANYE BIANGE——FAZHAN TAISHI、SHIJIAN MOSHI YU ZHENGCE JIANYI
胡拥军　单志广　编著

策划编辑：李　陵（40830954@qq.com）　　责任编辑：赵超霖（574129069@qq.com）
责任印制：李　晨

中国计划出版社　中国市场出版社出版发行
网址：www.jhpress.com
地址：北京市西城区木樨地北里甲11号国宏大厦C座4层
邮政编码：100038　电话：（010）63906433（发行部）
北京捷迅佳彩印刷有限公司印刷

710mm×1000mm　16开　13印张　148千字
2024年1月第1版　2024年10月第2次印刷

定价：60.00元

从一颗“种子”开始
让未来产业的梦想照进现实

未来产业，从一颗“种子”开始……

“未来产业”已经成为高频亮相的媒体热词，但什么是未来产业、如何给未来产业“画像”，仍然说不清道不明。未来产业天然具有“新”“小”“强”三大标签。所谓“新”，即未来产业是走在科技创新无人区的孤勇者，需要闯出产业发展的一条新赛道；所谓“小”，即未来产业仍然处于产业孵化培育的萌芽阶段，更多还是一些不起眼的“小不点”；所谓“强”，即未来产业具有培育成为战略性新兴产业甚至新型支柱产业的巨大潜力，是打造中长期产业竞争新优势的变革性力量。与进入成长期的战略性新兴产业、处于成熟期的传统产业相比，未来产业的培育是从一颗产业“种子”到一片产业“森林”的成长过程，需要战略预判，更需要战略耐心，做长期主义坚守者，做未来产业“育苗人”。

一、未来产业是大国竞争的抢答题

“未来产业”是大国竞争的战略热词，如何培育未来产业，是一道抢答题，也是一道长考题，还是一道多选题。赢得了未来产业就赢得了国家发展主导权，前瞻布局未来产业已经成为全球经济产业竞争最激烈的战略必争之地。

未来产业具有鲜明的时代气息，一个时代有一个时代的未来产业，历次未来产业发展都深刻改变了国家综合实力与国际竞争格局。英国通过培育壮大以蒸汽机为代表的一批18世纪的未来产业，成为第一次工业革命的先行者与领导者；美国通过培育壮大以电动机、内燃机、计算机等为代表的一批19世纪、20世纪的未来产业，成为世界经济超级大国。进入21世纪，为了再次抢抓新一轮科技革命和产业变革的主导权，发达国家相继出台、实施未来产业战略规划、法案法规以及投资计划，积极布局下一个5年、10年甚至20年可能爆发的未来产业。

未来产业具有抹不去的历史投影，在二十世纪七八十年代，光刻机、工业软件、操作系统等是当时的未来产业，我国起步并不晚，一些科研院所一度在自主研发方面取得重大突破，但由于技术、市场、政策等因素制约，这些当时的未来产业没有得到有效培育壮大，导致出现现在关键核心技术产业“卡脖子”问题。未来产业具有鲜明的先发锁定性。先行国家能够构筑包括专利技术、知识产权、标准规范等在内的“先发壁垒”，并沿着上下游产业链培育完整生态，成为区域性乃至全球性的技术和产业中心，后进入者赶超的难度极大。面对越来越激烈的未来产业全球竞争，不进则退、慢进亦退，只有前瞻布局未来产业，才能在未来竞争中抢占先机、赢得主动。

二、未来产业具有巨大的想象空间

经历前天昨天来理解今天，站在今天去想象明天后天，培育未来产业不是紧盯着眼前忙碌“十拿九稳”的事情，而是不惧各种技术、市场的不确定性，对中长期现代化产业体系的写意描绘，是用创新“炮火”轰开一条条新的产业赛道。

未来产业大有可为。今天的未来产业，是明天的战略性新兴产业，也是后天的新型支柱产业。未来产业一旦跨越萌芽阶段，就有望高速成长为一批千亿级、万亿级先导性产业、支柱性产业，催生规模庞大的新兴产业链与产业集群。以深圳市为例，深圳市是全国最早布局未来产业的城市，早在2013年就出台实施《深圳市未来产业发展政策》，布局发展生命健康产业、海洋产业、航空航天产业等一批未来产业，经过十年培育发展，这些产业已经成长为国内领先、国际先进的战略性新兴产业。2022年进一步出台实施《深圳市培育发展未来产业行动计划（2022—2025年）》，其中合成生物、区块链、细胞与基因、空天技术等四个未来产业处于扩张期，5~10年内有望实现倍数级增长；脑科学与类脑智能、深地深海、可见光通信与光计算、量子信息等四个未来产业处于孕育期，10~15年内有望成为战略性新兴产业中坚力量。总体来看，培育发展未来产业已经成为各地培育新动能、抢抓新赛道、打造新优势的战略共识，对我国建设具有完整性、先进性、安全性的现代化产业体系具有举足轻重的作用。

未来产业必有可为。我国培育发展未来产业具有三大优势。一是新型举国体制优势。这一优势既能够通过国家发展规划、专项规划、年度计划以及重大工程、重大项目、重大改革，超前部署、久久为功培育一批事关国家长远发展的未来产业，又能够建设大科学装置，组织重大科研计划，在未来网络、人工智能、量子技术、先进材料、深海深空深地等前沿领域取得重大成果，为未来产业培育发展提供坚实的技术策源能力。二是超大规模市场优势。这一优势能够为未来产业孵化提供技术熟化、产品中试、早期市场等全链条的有力支撑，有利于充分发挥“大水养大鱼”的优势，而多样化的应用场景、差异化的细分市场也有利于催生更多未来产业技术路线与发展模式。三是完备的产业配套优势。我国具备从一根针到一艘航母的全球最完备的产业体系，能够快速整合优化不同生产工艺组合、不同生产环节资源，未来产业技术路线一旦成熟，就能实现快速度、低成本、大规模投产。

三、培育未来产业要把握四个未来

预见未来，莫过于创造未来。不同于其他产业，培育未来产业周期长、投资多、风险高、潜力大，甚至部分领域存在这样的说法，“10年孵化、10亿投入、10%成功率、10次方成长空间”。因此，培育未来产业不能简单使用大水大肥漫灌，而是需要精细的温光水气调控，在技术策源、孵化服务、投资保障以及治理模式上做好“催芽育苗”的工作。

首先要把握好未来技术，关键是创新“科学家+企业家+投资家”的握手机制，既要发挥新型举国体制优势，面向科技源头问题、基础问题做好研究，探索“国家出题+专家答题+市场阅卷”的模式，加强前沿技术多路径探索、交叉融合和颠覆性技术源头供给；又要发挥超大规模市场优势，围绕我国经济社会发展、民生改善等面临的现实问题，探索“企业出题+专家答题+市场阅卷”的模式。

其次要把握好未来孵化，关键是畅通前沿技术产业转化通道，既要围绕“谁来转化孵化”，探索“政府引导+园区搭台+企业牵头”模式，充分发挥地方政府、国有企业、科研院所以及各类科技孵化服务机构作用，完善全链条的转化孵化服务，推动未来产业初创企业不断涌现；又要围绕“怎样转化孵化”，强化概念验证中心建设，推动应用场景开放，创新首订单支持政策，打造未来产业破土而生的孵化服务体系。

再次要把握好未来投资，关键是引导资金“投小投早投硬科技”，既需要政府资金“耐心投”，引导各类政府产业投资基金以一定比例支持未来产业，建立健全政府科技研发资金、政府产业引导资金与市场化投资基金的联动机制，发挥好财政资金的导向作用；又需要社会资本“放心投”，鼓励金融机构创新适应未来产业特征的金融产品与服务，鼓励天使基金、种子基金发展，引导保险资金等长期资金加大对未来产业的投入。

最后要把握好未来治理，关键是要探索寓治理于服务的未来产业治理模式，既要创新适应未来产业发展的政策举措，不能简单念“紧箍咒”；又要保障未来产业发展的有序性、稳健性，设置好“红绿灯”；更要强化未来产业发展的正向激励，建立健全试错容错机制，大力营造鼓励创新、宽容失败、敢闯敢试的创新文化与发展环境。

未来产业，终将成为一片“森林”……

Contents | 目 录

2020年4月1日，习近平总书记在浙江省考察时提出未来产业，强调要“抓紧布局数字经济、生命健康、新材料等战略性新兴产业、未来产业”。2020年10月14日，习近平总书记在深圳经济特区建立40周年庆祝大会上的讲话中指出，“要围绕产业链部署创新链、围绕创新链布局产业链，前瞻布局战略性新兴产业，培育发展未来产业，发展数字经济”。《中华人民共和国国民经济和社会发展第十四个五年规划和2035年远景目标纲要》明确部署，“在类脑智能、量子信息、基因技术、未来网络、深海空天开发、氢能与储能等前沿科技和产业变革领域，组织实施未来产业孵化与加速计划，谋划布局一批未来产业”。2023年9月，习近平总书记在黑龙江省考察时强调，要“整合科技创新资源，引领发展战略性新兴产业和未来产业，加快形成新质生产力”，前瞻布局未来产业成为加快形成新质生产力的重中之重。

第一章　未来产业的内涵特征

未来已来。未来产业不仅是学术争鸣的热点，也是政策研究的焦点，不仅是全球主要国家构筑国家竞争力的重头戏，也是国内不同地区谋划长远发展的战略先手棋。随着社会各界对未来产业探索实践的不断深入，人们对未来产业的认识将逐渐清晰。

一、未来产业的定义

（一）国外机构和学者对未来产业的定义

美国科技政策办公室（OSTP）提出，未来产业包括人工智能（AI）、量子信息科学（QIS）、先进通信/5G、先进制造和生物技术等前沿技术和新兴领域，这些技术及其产业化应用将给教育、医疗、交通、通信等诸多领域带来革命性变化，并为解决科技、经济和社会难题提供新技术新工具，同时还可以确保美国能够在快速变化的全球竞争环境中获胜。2019年11月，欧盟委员会发布由“欧洲共同利益重大项目（IPCEIs）战略论坛”专家提出的《加强面向未来欧盟产业的战略价值链》建议报告，确定了欧盟需要进一步联合和协调努力的六大战略价值链，并指出这些战略价值链是相互关联和集成的工业活动，具有极大的潜力，可以促进欧盟的绿色和数字化转型，提高欧盟的工业竞争力。

美国学者、白宫创新科技顾问亚历克·罗斯在《未来产业》（*The Industries of the Future*）一书中认为，未来产业是推动未来20年全球经济社会变迁的关键产业，包括机器人、尖端生命科技、金融程式编码化、网络安全、大数据等。这些产业是下一轮产业革命中最重要、最有前景、最有代表性，并且彼此密不可分的产业。

（二）国内机构和学者对未来产业的定义

国家发展改革委提出，未来产业可概括为四“新”：依托新科技、引领新需求、创造新动力、拓展新空间。科技部提出，未来产业是基于前沿重大科技创新而形成的、能够决定未来产业竞争实力和区域竞争力的前瞻性产业，在未来将成为支撑产业发展的主导力量。一些省市出台关于未来产业的规划中也有对于未来产业的概念界定。如浙江省提出，未来产业是由突破性和颠覆性的前沿技术所推动，在未来能发展成熟和产业转化，对经济社会发展具有重要支撑带动作用，但当前尚处于孕育孵化阶段的新兴产业。山西省突出强调了未来产业的引领技术与带动作用，提出未来产业是以新一代信息技术、新材料、新能源、新装备、生物技术等与工业技术交叉融合为驱动，代表新一轮科技和产业革命的发展方向，支撑未来经济增长的主导性产业、决定未来发展方向的先导性产业、影响未来发展潜力的颠覆性产业、提升未来竞争能力的前瞻性产业，对生产生活影响巨大，对经济社会具有全局带动和重大引领作用。

清华大学经济管理学院教授陈劲认为，未来产业是重大科技创新产业化后形成的，代表未来科技和产业发展方向，对经济社会变迁起到关键性、支撑性和引领性作用，影响人类文明进程的前沿产业。中国社会科学院工业经济研究所研究员李晓华提出，未来产业是由处于探索期的前沿技术所推动、以满足经济社会不断升级的需求为目标、代表科技和产业长期发展方向，会在未来发展成熟和实现产业转化并对国民经济具有重要支撑和巨大带动作用，但当前尚处于孕育孵化阶段的新兴产业。北京师范大学教授颜振军从发展阶段的角度提出未来产业应是现在还没有形成的产业，并从产业动力的角度分析，未来产业源于高端的科学与技术研究开发，而这种研发通常不是单一领域或学科，而且这种研发目标或灵感的来源，既有科学与技术的惯性，又有当下产业发展、未来消费人群的需求。

尽管对未来产业的定义各有侧重，但普遍存在三个共识。从技术基础看，未来产业是基于“探索期的前沿技术”“新一代信息技术、新材料、新能源、新装备、生物技术等与工业技术交叉融合为驱动”。从发展阶段看，未来产业是“当前尚处于孕育孵化阶段的新兴产业”“现在还没有形成的产业”“代表新一轮科技和产业革命的发展方向"。从变革影响看，未来产业将"对经济社会具有全局带动和重大引领作用""引领经济社会发展的变革性力量""推动创新型经济发展、谋求竞争新优势""提升社会生产力水平，拓展新的发展和生存空间"。

综合国内外已有研究，未来产业是当前处于技术产品化、产品市场化的萌芽阶段，代表产业、经济、社会发展的新需求新方向，由新一代信息、材料、生物、能源等重大前沿科技创新推动，具备孵化出颠覆性创新产品或培育形成新型支柱产业的巨大发展潜力，能够对经济社会起到全局性引领性变革、促进社会生产力产生质的飞跃的新兴产业。表1–1为国内外部分机构和学者关于未来产业的定义。

表1–1　国内外部分机构和学者关于未来产业的定义

研究机构/政策名称/专家学者	研究定义
美国科技政策办公室（OSTP）	未来产业包括人工智能（AI）、量子信息科学（QIS）、先进通信/5G、先进制造和生物技术等前沿技术和新兴领域，这类技术和产业将给教育和医疗带来革命性变化，改变交通、通信方式，并为解决科技、经济、社会难题提供新技术新工具，并确保美国能够在快速变化的全球竞争环境中获胜
美国白宫创新科技顾问亚历克·罗斯	未来产业是推动未来20年全球经济社会变迁的关键产业，包括机器人、尖端生命科技、金融程式编码化、网络安全、大数据等。这些产业是下一轮产业革命中最重要、最有前景、最有代表性，并且彼此密不可分的产业

续表

研究机构/政策名称/专家学者	研究定义
国家发展改革委	未来产业发展的特征可概括为四“新”。一是依托新科技。未来产业的快速发展主要是基于颠覆性技术的突破和产业化，并依托于技术之间、技术与产业之间的深度融合。二是引领新需求。未来产业不仅可以更好满足人们现有需求，还将创造新的应用场景和新消费需求。三是创造新动力。未来产业将引导经营主体向更先进的生产力聚集，催生新技术新产业新业态新模式。四是拓展新空间。未来产业将帮助我们不断突破认知极限和物理极限，提升社会生产力水平，拓展新的发展和生存空间
科技部	未来产业是基于前沿重大科技创新而形成的、能够决定未来产业竞争实力和区域竞争力的前瞻性产业，在未来将成为支撑产业发展的主导力量
《关于浙江省未来产业先导区建设的指导意见》	未来产业是由突破性和颠覆性的前沿技术所推动，在未来能发展成熟和产业转化，对经济社会发展具有重要支撑带动作用，但当前尚处于孕育孵化阶段的新兴产业
《加快推动杭州未来产业发展的指导意见》	未来产业是推动创新型经济发展、谋求竞争新优势的重要战略方向，是优化完善产业体系、促进经济提质增效的重要举措
《山西省“十四五”未来产业发展规划》	未来产业是以新一代信息技术、新材料、新能源、新装备、生物技术等与工业技术交叉融合为驱动，代表新一轮科技和产业革命的发展方向，支撑未来经济增长的主导性产业、决定未来发展方向的先导性产业、影响未来发展潜力的颠覆性产业、提升未来竞争能力的前瞻性产业，对生产生活影响巨大，对经济社会具有全局带动和重大引领作用

续表

研究机构/政策名称/专家学者	研究定义
《江西省未来产业发展中长期规划（2023—2035年）》	未来产业代表新一轮科技革命和产业变革的发展方向，是引领经济社会发展的变革力量，是江西加快高质量跨越式发展、推进现代化建设、赢取未来发展主动权的关键所在
《沈阳市未来产业培育和发展规划（2018—2035年）》	未来产业是以新一代信息技术、新材料、新能源、生物技术等与工业技术交叉融合为驱动，显著带动生产力发展、改善人们生活质量、引领经济社会发展的产业生态体系，涉及生产、交通、健康、消费、民生等多方面的经济活动
清华大学经济管理学院陈劲	未来产业是重大科技创新产业化后形成的，代表未来科技和产业发展方向，对经济社会变迁起到关键性、支撑性和引领性作用，影响人类文明进程的前沿产业
中国社会科学院工业经济研究所李晓华	未来产业是由处于探索期的前沿技术所推动、以满足经济社会不断升级的需求为目标、代表科技和产业长期发展方向，会在未来发展成熟和实现产业转化并对国民经济具有重要支撑和巨大带动作用，但当前尚处于孕育孵化阶段的新兴产业
北京师范大学颜振军	未来产业应是现在还没有形成的产业，是源于高端的科学与技术研究开发，而这种研发通常不是单一领域或学科，而且这种研发目标或灵感的来源，既有科学与技术的惯性，又有当下产业发展、未来消费人群的需求
中国宏观经济研究院盛朝迅	未来产业是指由重大科技创新推动、代表未来科技和产业发展方向、对经济社会具有引领作用，当前处于萌芽期或产业化初期的前瞻性新兴产业
赛迪研究院彭健	未来产业是目前发展成熟度相对较低，但发展潜能极大，对基础研究、原始创新和颠覆性创新的依赖度高，对产业转型升级和经济社会可持续发展具有重要引领作用，代表未来科技和产业发展新方向的前沿产业

二、未来产业的特征

（一）时代变革性

一个时代有一个时代的未来产业。纵观历史，历次未来产业发展也深刻改变了国家综合实力与国际竞争格局。英国通过蒸汽机的颠覆性创新培育壮大了发动机、钢铁、造船等一批18世纪的未来产业，成为第一次工业革命的先行者与领导者；美国通过电力技术的颠覆性创新培育壮大了电动机、化学工业、汽车、航空等一批19世纪的未来产业，进而抓住了互联网、计算机、集成电路、软件等一批20世纪的未来产业，成为全球经济超级大国。对于一个国家而言，赢得了未来产业就赢得了未来主导权，错过了未来产业就将要错过一个时代。进入21世纪，为了再次抢抓未来发展制高点、主导权，全球主要国家竞相开展基于新一轮科技革命的未来产业布局。

（二）技术颠覆性

未来产业以突破性和颠覆性的前沿技术为引领，能够满足人类的根本需求或尚未被满足的潜在需求，不断突破人类认知极限和物理极限，提升社会生产力水平，拓展新的发展和生存空间。当前，新一轮科技革命和产业变革突飞猛进，学科交叉融合不断发展，科学技术和经济社会发展加速渗透融合。无论是天体运行、星系演化、宇宙起源等宏观世界，还是基因编辑、粒子结构、量子调控等微观世界；无论是深海、深空、深天等遥远空间，还是信息技术、人工智能等引领的数字空间，科技创新的广度、速度、精度都在不断提升。未来产业将依托颠覆性、融合性科技创新而诞生，并随着产业发展，既可能衍生出新领域新产业，也可能对原有产业产生颠覆性的创新作用。

（三）巨大成长性

“今天”的未来产业，既是“明天”的战略性新兴产业、也是“后天”的支柱产业，具有强大的发展后劲，一旦跨越过前期的起步阶段，待至技术探索成熟、形成产业化能力，就能够快速形成巨大的产业规模，成为经济发展的重要支柱。由于未来产业跨领域、长链条的特征，不仅能带动相关配套技术和产业的发展，还能引发对原材料、零部件、生产设备、科学检测仪器、工业软件以及各种生产性服务等的巨大需求，将引领带动整个产业链发展。此外，未来产业的许多核心技术都具有通用性特征，能够对千行百业起到广泛的渗透和赋能作用。

（四）先发锁定性

未来产业的前沿技术引领、培育周期曲折漫长、渗透变革潜力巨大等特征，使技术创新“策源地”具有明显的先发锁定效应。一旦技术取得突破性进展，能够构筑包括专利、知识产权、产品标准等的“先发壁垒”，并沿着上下游产业链形成完整生态，成为区域性乃至全球性的技术和产业中心，形成寡占性市场结构，后进入者追赶超越的难度较大。

（五）高度不确定性

未来产业是当前尚处于孕育孵化阶段的新兴产业。相比战略性新兴产业发展路线及方向明确、关键在于缩短与发达国家差距等特征，未来产业面向科技创新“无人区”，技术演进、市场应用等的方向性问题都尚不明晰，从研发到转化各环节的失败率都极高。除了技术层面的不确定性之外，未来产业还面临着市场变化、社会需求、伦理安全等方面的问题与风险，也影响着其发展走向。因此，未来产业发展具有很大的不确定性和高风险性，从基础研究、应用基础研究到商用化产业化，既需要经历曲折漫长的培育周期，也需要进行大量的资源投入，还需要产业治理的不断调适。

（六）强政府支持性

未来产业的发展不仅仅需要市场的力量，还需要政府“有形之手”的作用，这一必要性在发展初期更加突出。一方面，未来产业是以颠覆性技术为引领的产业，但技术创新具有公共品特性。颠覆性技术一旦成功转化，不仅能带动国内各行各业转型升级，而且能提升国家核心竞争力。但颠覆性技术的投资大、风险也大，且几乎无法在短期内通过市场取得回报，所以政府需要对此类具有战略意义的“幼小产业”进行扶持引导。另一方面，未来产业的发展需要不同社会主体的协同参与，具有深度学科交叉、结果难以预测、模式不成熟、没有经验可供借鉴等特点，因此需要进行跨区域、跨组织、跨主体的创新资源配置，这些分散社会力量的整合依赖政府的组织和带动，促成社会创新的集体行动。

三、未来产业的演进

根据产业生命周期理论，未来产业的培育发展阶段可分为萌芽期、成长期、扩散期、成熟期，分别代表未来产业发展的当期态势、近期发展、中期潜力、远期蓝图，4个阶段既具有时间上的继起性，也在技术成熟度、市场发育度、产业规模上呈现不断提升的态势（见图1–1），各阶段典型特征见表1–2。

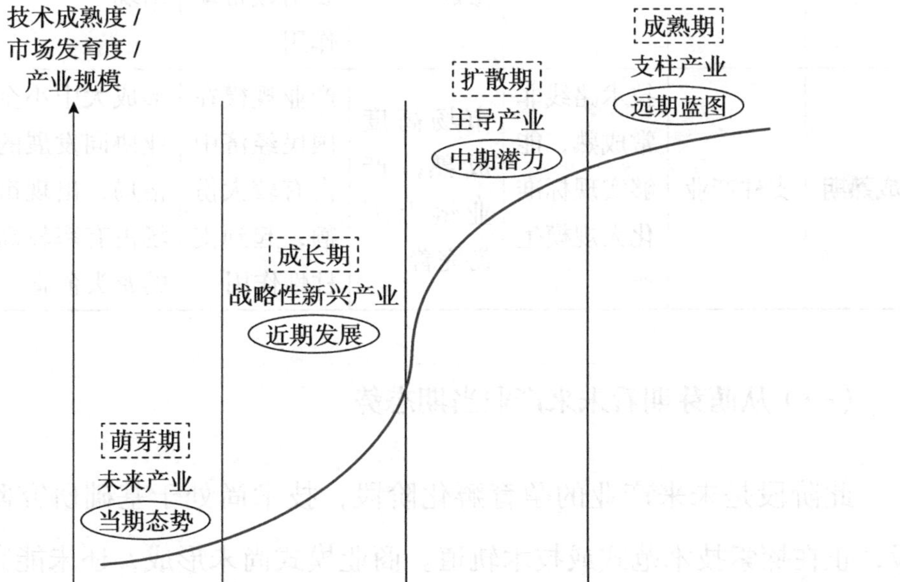

图1–1　未来产业4个阶段的发展演变

表1-2 未来产业在不同发展阶段的典型特征

发展阶段	产业类型	技术成熟度	市场发育度	产业规模	行业格局
萌芽期	未来产业	技术路线尚不成熟	尚处于种子用户推广阶段	产业规模较小，发展速度缓慢	初创企业开始出现，淘汰率较高
成长期	战略性新兴产业	多条技术路线并行和相互竞争	进入大规模商业化阶段	产业规模高速增长，吸引资源集聚	企业数量增长快，骨干企业出现
扩散期	主导产业	主导型技术路线基本成型	商业应用百花齐放，产业链上下游基本形成	产业占国民经济的比重显著提高，对其他产业增长具有重要引领带动作用	行业格局由分散走向集中，企业间合并、兼并现象大量出现
成熟期	支柱产业	技术路线非常成熟，能够实现标准化大规模生产	市场高度成熟，产业链上下游完善	产业规模在国民经济中占有较大份额，起到支柱性作用	形成大中小企业协同发展的格局，出现市场占有率较高的龙头企业

（一）从萌芽期看未来产业当期态势

此阶段是未来产业的孕育孵化阶段，技术尚处于基础研究阶段，正在探索技术范式或技术轨道。商业模式尚未形成，还未能完成与市场需求、产业资源的对接，未找到大规模推广的应用落地场景。产业规模整体较小，发展速度缓慢。一些先行企业会脱颖而出，也有许多企业会在“试错”中被淘汰。

（二）从成长期看未来产业近期发展

此阶段是未来产业的快速爬坡阶段，有望发展成为“战略性新兴产业”。在此阶段，未来产业发展的技术路线清晰、发展方向明确、产业化进程更快，产业发展已经初具雏形。这一阶段的主要特征是随着技术研发投入的持续增加，许多关键技术得到重大突破，出现了多条技术路线并行和相互竞争的局面，技术发展走出实验室，开始进入大规模商业化阶段。资金、人才等大量投入到产业发展中，产业规模不断扩大，呈高速增长之势。企业数量出现井喷，涌现一些骨干企业。

（三）从扩散期看未来产业中期潜力

此阶段是未来产业的稳步发展阶段，有望发展成为主导产业。美国经济学家罗斯托认为，主导产业的核心是“创新”和“扩散”，是能够迅速有效地吸收创新成果、满足大幅度增长需求而获得持续较高的增长率，并对其他部门的增长有广泛的影响。这一阶段的发展特征包括：在技术方面具有重要的科技创新性，主导型技术出现，大多数技术路线会由于缺乏资金支持、不符合市场需求等原因被淘汰出局。在市场方面商业应用百花齐放，产业链逐步完善。产业已具相当规模，占国民经济的比重显著提高，产业整体发展快，对经济发展的引领带动作用增强，对其他产业发展也具有广泛的直接或间接影响。行业格局由分散走向集中，企业间的合并、兼并现象大量出现。

（四）从成熟期看未来产业远期蓝图

此阶段是未来产业的发展成熟阶段，有望发展成为支柱产业。支柱产业是指在国民经济体系中占有重要战略地位，产业规模在国民经济中占有较大份额，起着支撑作用的产业。技术路线非常成熟，能够实现标准化大规模生产。市场高度成熟且能实现大规模产出，并能深刻影响当地经济社会发展，包括制度建设、国民经济结构、基础设施、人口素质等，还有可能诱发新的经济活动或派生新的产业部门。这一阶段会形成大中小企业协同发展的格局，出现若干市场占有率较高的龙头企业。

从未来产业发展演化历程看，未来产业是“明天”的战略性新兴产业、“后天”的主导产业、支柱产业，但对于各个细分赛道的未来产业而言，其发展走向具有明显的差异性与不确定性，有的可能进入成长期与扩散期，呈现强颠覆性和高成长性，成为国民经济的主导产业乃至支柱产业，有的也可能由于技术、商业等原因而消亡。

第二章　国外未来产业的发展经验

近年来，美国、日本、欧盟、俄罗斯、英国、韩国等经济体纷纷抢先布局下一个5年、10年甚至20年可能迸发的未来产业，出台实施一系列政策举措。发展未来产业是新一轮经济体竞争的重头戏，事关中长期全球经济主导权的更替、国家竞争新优势的兴衰。未来产业发展“不进则退、慢进亦退”，我国发展未来产业的外部竞争日益加剧，只有赢得未来产业发展先机，才能抢占全球产业链价值链高端、构筑全球产业竞争优势，因此亟须加快探索未来产业支持政策、下好未来产业先手棋。

一、全球未来产业发展的技术预见

前沿技术是未来产业的先导。未来产业发展的核心驱动力在于技术创新，准确预见潜力巨大的颠覆性技术，系统布局相关技术领域的研发、转化与应用推广，把技术优势转化为产业优势。因此，世界各国都高度重视未来产业的技术预见，或成立专门机构预判未来产业技术方向，或组织政府部门、科研机构、行业协会、企业等研判未来产业技术路径。基于全球主要国家未来产业政策文件、专家学者机构研判预测、企业专利数据等，提炼未来产业的全球技术预见，明晰决胜全球竞争的未来产业细分赛道。

（一）近期分析

在智能制造、信息技术、生物科技、半导体、新能源、新材料、通信、传感器等领域已出现一批突破性创新技术产品，未来1~3年即将面临从创新产品向大规模商业化的蜕变，是未来产业近期发展的重要领域，其中部分技术趋势如图2-1所示。智能制造领域，4D打印等新型制造方兴未艾。信息技术领域，人工智能蛋白质折叠、人工智能数据合成等人工智能创新应用层出不穷。生物科技领域，蛋白质芯片、多组学分析平台等新技术潜力巨大。半导体领域，神经形态芯片等前沿突破不断。新能源领域，液态太阳能燃料合成、钠离子电池、固态锂电池等最新进展喜人。新材料领域，多功能气凝胶等新材料不断发明。通信领域，6G技术等新型通信技术快速发展。这些技术成熟度较高，市场潜力巨大，在企业、科研机构孵化良好，正面临向大规模市场化商品的关键跳跃，是近期未来产业的重要技术方向。从突破性创新产品战略可以预见近期未来产业重点（见表2-1）。

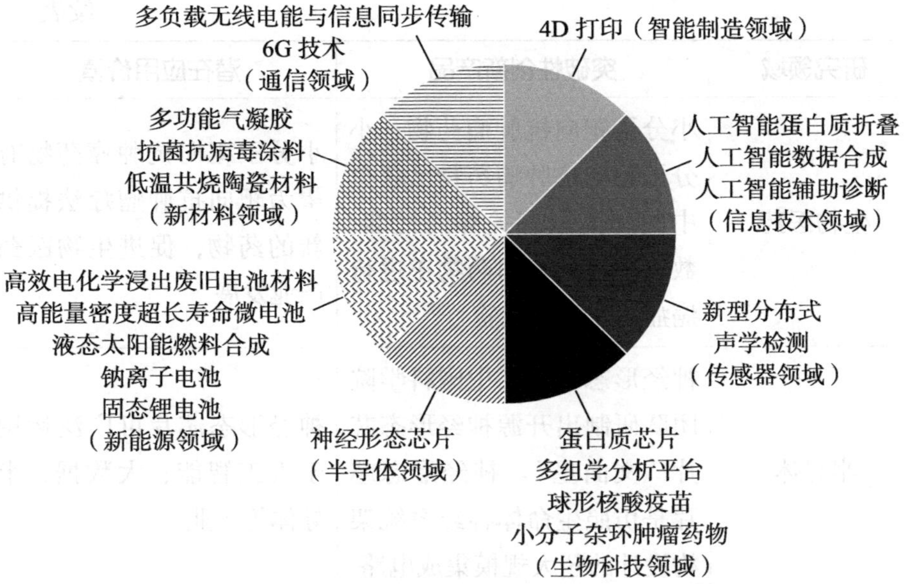

图2-1　近期培育未来产业的潜力技术、领域方向

表2-1　从突破性创新产品战略预见近期未来产业重点

研究领域	突破性创新产品	潜在应用价值
量子科技	量子图像传感器技术。美国初创企业GIGAJOT公司研制的量子图像传感器（QIS）相机，可在极低光照条件下运行并实现光子计数和可靠的光子数分辨	量子图像传感器技术能支撑天体物理、量子信息科学等基础研究，应用于高精度相机等消费电子产业
传感器	新型分布式声学检测。美国洛斯阿拉莫斯国家实验室和雪佛龙公司联合研制出“ALARM”系统，通过分布式声学传感器和集成软件，可对大型结构的损坏和缺陷进行全面检测	新型分布式声学检测可用于管网、电力电缆和铁路等重要基础设施的全方位、无死角、低成本安全监测，赋能传统基础设施数字化升级改造

续表

研究领域	突破性创新产品	潜在应用价值
生物医药	小分子靶向抗肿瘤药物。小分子靶向抗肿瘤药物已获得中国和美国有关部门批准，数以千计的靶向药物正进行癌症治疗临床试验	小分子靶向抗肿瘤药物有望为靶向抗肿瘤疗法提供新的药物，促进生物医药产业发展
半导体	神经形态芯片。中国科学院团队研制出开源神经形态芯片“文曲星”。神经形态芯片是仿照生命体神经系统架构设计的超大规模集成电路	神经形态芯片可广泛运用于人工智能、大数据、半导体等产业
新能源	固态锂电池。固态锂电池安全性好、能量密度高。直接研发固态锂电池难度大，但半固态锂电池改进的商业化已开始。日本京瓷公司和美国24M公司已实现半固态锂电池规模量产	固态锂电池在新能源汽车、储能、消费电子等领域均有广阔的应用前景
	液态太阳能燃料。通过“人工光合作用”利用太阳能生产碳基分子等液态燃料，可储存间歇性太阳能。依托中国科学院大连化学物理研究所建设的兰州新区太阳能燃料合成示范工程项目已实现年产千吨甲醇	液态太阳能燃料为新能源行业利用、储存太阳能提供了新的路径，也为利用太阳能代替化石能源的绿色化工等行业提供了机遇，还为大气二氧化碳吸收与利用提供了机会

续表

研究领域	突破性创新产品	潜在应用价值
通信	多负载无线电能与信息同步传输。美国OSSIA公司发明无线供电环境中的能量传输调制方法与设备，可实现在无线充电的同时传输信息	多负载无线电能与信息同步传输技术可广泛用于移动设备、智能家居、植入式医疗等领域

资料来源：根据国际理论与应用化学联合会（IUPAC）数据、《物理世界》杂志、《麻省理工科技评论》杂志、《2022技术聚焦》报告等整理。

（二）中期分析

在信息技术、新能源、新材料、生物科技、智能制造等领域已出现一批引领性工程技术，未来3~5年即将面临从工程技术向创新产品转化的突破，是未来产业中期发展的重要领域，其中部分技术趋势如图2-2所示。信息技术领域，人工智能算法评估技术使各种人工智能软件评估改进、快速迭代成为可能。新材料领域，磁性材料、柔性材料、发光材料、半导体材料等研究热点均有所突破，为新能源、半导体等产业的跨越式发展提供了全新可能，潜力材料有全超导磁体材料、立方砷化硼半导体材料、发光柔性纤维等。量子科技领域，量子图像传感器有望商业化形成量子相机等消费电子产品。传感器领域，薄膜基荧光传感器等技术应用前景广阔。生物科技领域，候选药物安全性模拟评估软件技术、FLASH质子疗法潜力突出。通信领域，雷达通信一体化技术潜在进展巨大。新能源领域，新型热光伏电池、纤维电池技术前景广阔。从引领性工程技术战略可以预见中期未来产业方向（见表2-2）。

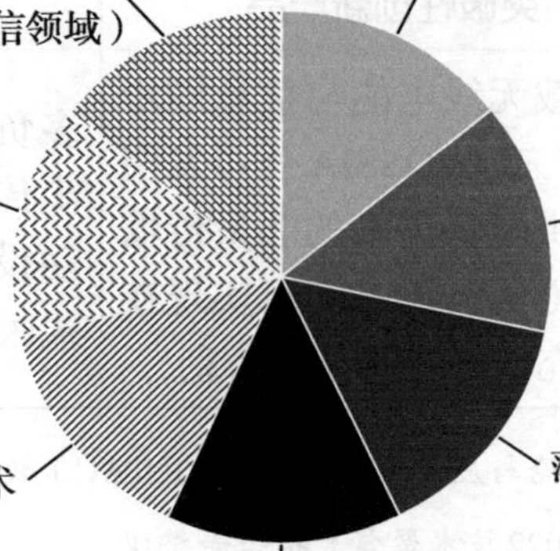

图2–2　中期培育未来产业的潜力技术、领域方向

表2–2　从引领性工程技术战略预见中期未来产业方向

研究领域	引领性工程技术	潜在应用价值
新材料	全超导磁体材料。美国国家高磁场实验室佛罗里达州立大学研制出磁感应强度32T的高磁场全超导磁体，实现高温超导下的强磁场	全超导磁体可用于磁悬浮列车、超导储能系统、超导电机、核磁共振仪等产品，助力清洁能源、交通运输、医疗健康等产业发展
	立方砷化硼半导体材料。中国国家纳米科学中心和美国麻省理工学院的研究团队通过实验证明立方砷化硼材料具有比构成现代电子产品基础的硅等半导体高得多的热导率和空穴迁移率	立方砷化硼半导体材料在功率半导体、芯片等领域具有相当的应用前景，是未来半导体产业潜在的关键基础材料之一

续表

研究领域	引领性工程技术	潜在应用价值
智能制造	4D打印技术。美国罗格斯大学和意大利比萨大学的研究人员运用4D打印制造出具有强组织黏附力的微针	4D打印技术具有绿色低能耗、设计自由度高、自动调整等优点，运用4D打印技术可实现管道自调整、天线自展开等，广泛应用于医疗生物、航空航天、智能制造、建筑等
生物科技	FLASH质子疗法。FLASH放疗使用质子来传递超高剂量率的辐射，可在保留健康组织的同时有效地杀死癌细胞。美国辛辛那提大学已经验证FLASH质子疗法的临床可行性	FLASH质子疗法为肿瘤治疗、抗癌等领域提供了新工具，在医疗领域有一定发展前景
通信	雷达通信一体化技术。美国麻省理工学院林肯实验室发明新的雷达波形设计和信号处理方法，使雷达系统能够有效地编码其发射的雷达波形中的信息，实现雷达通信频谱共享及一体化	雷达通信一体化技术在军事、航空航天、船舶等领域有巨大应用潜力，还可用于智能网联汽车、车联网、智能交通系统等领域
新能源	纤维电池技术。纤维电池具有柔性、结实、安全、透气等优势，非常适用于可穿戴电子产品，还能承受多次洗涤而不损失能量密度。韩国三星和中国华为等公司均在研究纤维电池的商业潜力	纤维电池对可穿戴设备、印刷电子产品等消费电子领域具有重大意义，有望随着相关领域市场增长而实现高速增长

续表

研究领域	引领性工程技术	潜在应用价值
新能源	新型热光伏电池技术。美国麻省理工学院和美国国家可再生能源实验室研制出一种效率超过40%的热光伏（TPV）电池	新型热光伏电池可用于太阳能、天然气、氢能发电，还可用于传统电厂废热回收利用，为下一代低碳发电厂提供新路径，在可再生能源领域有广阔应用前景

资料来源：根据国际理论与应用化学联合会（IUPAC）数据、《物理世界》杂志、《麻省理工科技评论》杂志、《2022研究前沿》报告等整理。

（三）远期分析

在物理、化学、生物科学等领域出现一批前沿性基础研究成果，面临从基础研究、工程技术再到创新产品的转化，是前瞻布局未来产业、打造非对称优势的远期战略方向，关键是发挥新型举国体制优势，坚定战略耐心推动“从0到1”的颠覆性创新，久久为功推动“从1到10”的工程技术突破与“从10到100”的技术熟化（见表2–3）。例如，超冷多原子分子制备，中国科学技术大学已制备出接近绝对零度的三原子分子，基于超冷多原子分子平台将使冷化学反应、新形式量子模拟和基础科学检验成为可能；超快光电子开关，德国普朗克量子光学研究所的研究打破物理设备光电开关的“速度极限”，在超高频通信、遥感、诊断等领域，对通信、遥感、医疗、航空航天等发展均有价值；计算化学与虚拟现实结合，通过虚拟现实技术实现交互式计算化学和分子动力学研究，对化工、医药生物、新材料、航空航天等领域将带来系列变革性影响。

表2–3　从前沿性基础研究战略预见远期未来产业方向

研究领域	前沿性基础研究	潜在应用价值
物理	超冷多原子分子制备。中国科学技术大学和美国哈佛大学研究团队分别制备出接近绝对零度的三原子分子	基于超冷多原子分子平台将使冷化学反应、新形式量子模拟和基础科学检验成为可能，为物理、化学新研究铺平道路
	超快光电子开关。德国普朗克量子光学研究所使用仅持续1飞秒（10^{-15}秒）的激光脉冲，将介电材料样品从绝缘状态切换到导电状态，打破物理设备光电开关的“速度极限”	超高频开关的能力证明超高频固态光电子学原则上可行，对通信、遥感、医疗、航空航天等发展均有价值
化学	大型纳米粒子库。大型纳米粒子库是成分和结构各异的数百万纳米粒子形成的阵列，构建策略通常是聚合物笔光刻（polymer pen lithography）的纳米粒子沉积技术	大型纳米粒子库可用于筛选制备纳米催化剂，且产生海量数据，与机器学习结合，可更快发现新纳米材料，对纳米材料产业、化工产业、医药产业均有巨大价值
	计算化学与虚拟现实结合。通过虚拟现实技术实现交互式计算化学和分子动力学研究。开源框架NARUPA允许研究人员进入充满分子的虚拟空间，用手中的控制器“触摸”、移动原子、引入修饰和功能基团	通过虚拟现实技术，使得新的化学分子合成和动力学研究方式成为可能。对化工、医药生物、新材料、航空航天等领域的发展均有助力

续表

研究领域	前沿性基础研究	潜在应用价值
生物科学	植物泛基因组研究。将整个物种或群体中的每一个体特有遗传性状及相关基因挖掘出来。中国研究者牵头对3010份栽培稻进行测序，构建了首个接近完整的亚洲栽培稻泛基因组	对生物遗传变异资源挖掘、特有性状调控基因鉴定、培育动植物优良品种等领域意义重大

资料来源：根据国际理论与应用化学联合会（IUPAC）数据、《物理世界》(*Physics World*)、《麻省理工科技评论》、《2022研究前沿》报告等整理。

二、主要经济体发展未来产业的重点举措

（一）美国以“多元投资+组织创新”塑造未来产业全球竞争力

近年来，美国抢先布局未来产业发展，谋取全球未来产业领导权，相继出台了《美国将主导未来产业》《无尽前沿法案》《NSF（国家科学基金会）未来法案》等政策，重点支持人工智能与机器学习、半导体、量子计算科学与技术、先进通信技术与沉浸技术、基因组学与合成生物学、分布式账本技术与网络安全、先进能源技术、先进材料科学等，构建了美国发展未来产业的总体战略框架，其“多元投资+组织创新”双轮驱动的未来产业发展路径日益明朗。

美国充分发挥政府投资作用，积极引导社会资本投入未来产业。一方面，美国重视通过大规模、长周期的政府投资支持未来

产业。《美国就业计划》安排投资1800亿美元支持研发未来技术，美国《芯片和科学法案》拨款810亿美元、679亿美元分别支持美国国家科学基金会、能源部在5年内组织未来产业基础研究、制造业发展。另一方面，美国积极引导社会资本、企业投资未来产业。美国以公私合作（PPP模式）设立国家生物制药创新研究所（NIIMBL），以引导非政府投资加速生物制药创新，支持制定相关标准，并培训生物制药人才队伍。

美国着力优化创新组织与人才制度，加快推动“润物细无声”的创新。一是创新未来产业研究组织架构。例如创设以未来产业研究所为代表的跨学科、跨机构的新型研发机构，创设以国家半导体技术中心为代表的贯穿“研发—生产”全链条的新技术转化机构。二是创新人才流动机制，加强产学研之间的跨机构人才流动，打造复合型未来产业人才。美国总统科技顾问委员会发布的报告《未来产业研究所：美国科学与技术领导力的新模式》提出美国国家科研机构、各州政府、企业将共同推动常驻研究员机制，允许科研人员在其原本归属的机构和未来产业研究所之间采用双重聘用、联合聘用、阶段性任职、学术休假等多元方式自由流动。三是创新未来产业人才培养模式。英特尔公司设立“明日计划”为青少年科普未来产业。休斯敦大学设置未来学硕士学位点，谷歌和美国宇航局联合设立奇点大学采用跨学科教学方式培养未来科学家。此外，美国还设立STEM（科学、技术、工程、数字）再培训委员会，面向社区学院、黑人大学、少数族裔群体加强未来产业技能人才培养。美国发展未来产业的主要部署见表2–4。

表2-4 美国发展未来产业的主要部署

时间	政策名称	主要部署
2019年	《美国将主导未来产业》	•把人工智能、先进制造、量子科技、5G四大关键领域视为美国的“基础设施”，强化投资、放松监管； •制定各领域国家战略； •组建特别委员会，规划和协调研发工作； •强化联邦政府、企业、院校、科研机构协同的研发生态； •强化未来产业工人培训
2021年	《无尽前沿法案》	•加强基础研究：组建“技术创新理事会”指导基础研究和应用研究、为国家科学基金会拨款810亿美元； •推动均衡高质量教育：推进理工科学员转化为工程师资源、资助研发经费较少的28个州发展科研、支持农村地区理工科教育； •强化科研安全：禁止联邦科研机构人员参与部分外国政府人才招募计划、防止网上科研成果失窃、参与制定国际标准
	《NSF未来法案》	•将国家科学基金会的经费预算在未来五年内逐年提高至约183亿美元； •在国家科学基金会建立一个新部门，推动技术实用化
2022年	《芯片和科学法案》	•强化基础研究：拨款810亿美元给国家科学基金会、100亿美元给国家标准与技术研究院、679亿美元给美国能源部用于基础研究； •强化科研教育：拨款130亿美元支持STEM教育，100亿美元资助全国建立20个“区域技术中心”

（二）日本以“社会需求+应用场景”为导向发展未来产业体系

日本以“社会5.0”愿景引导未来产业发展，重视依托社会需求创造应用场景，进而带动未来产业发展。日本政府在2016年第五期《科学技术与创新基本计划》中提出“社会5.0”概念，明确要最大限度地应用现代通信技术，打造为人类带来更美好生活的“超智慧社会”。围绕“社会5.0”愿景，日本先后出台《未来投资战略2017：为实现“社会5.0”的改革》《科学技术创新综合战略2016》《科学技术创新综合战略2017》《科学技术创新综合战略2020》。2021年，日本发布第六期《科学技术与创新基本计划》，进一步强调以数字技术推动产业数字化转型，建设脱碳社会，强化5G、超级计算机、量子技术等重点领域研发。

日本未来产业发展路径既重视通过发展未来产业打造韧性社会，也强调为未来产业发展提供良好创新环境。在通过发展未来产业打造韧性社会方面，一是将网络空间与物理空间相结合，推动低碳排放，发展循环经济，构建良性循环、舒适宜居、韧性社会。二是以社会需求为导向催生一批初创企业，加强与大学、科研机构合作，夯实新兴产业基础。三是发展“社会5.0”所需的系统和数据库，打造综合知识系统。第六期《科学技术与创新基本计划》提出，到2025年形成100个左右的智慧城市；2050年实现净零碳排放，碳生产率达到49万日元/吨。在为未来产业发展提供良好创新环境方面，一是优化科研环境，构建新型研发体系，完善“日本研究数据基础系统”，推动科研数据共享，围绕大学改革拓展大学科研成果转化为经营的能力，鼓励企业聘用博士等创新人才。二是完善人才环境，改革小学、初中阶段数理化课程，培养学生的好奇心，推出大学阶段个性化课程，面对“人生百年时代”，加强迈向智能社会的知识和技能再教育。日本发展未来产业的主要部署见表2–5。

表2–5　日本发展未来产业的主要部署

时间	政策名称	主要部署
2018年	《未来投资战略2018：向“社会5.0”“数据驱动型社会”变革》	•推广新技术和新项目，给国民生活带来变化； •打破产学官和现有组织、行业间与政府部门的壁垒，重点投入人才及资金等资源支持新项目； •推行打破现状的“敏感”措施时会遇到制度上的问题，可通过有效利用“沙盒”制度等新机制来迅速找到解决途径
2020年	《科学技术创新综合战略2020》	•构建创新环境：建设数字化基础设施、推动可信赖的数据自由流通并实践数据驱动型社会、扩充学术信息网络、运用战略性标准； •打造应用生态：开展“社会5.0”的实际应用、打造“超级城市”试点、开展创业支援计划
2021年	第六期《科学技术与创新基本计划》	•建设韧性社会：推进任务导向型研发活动、深化发展科技外交、打造战略国际合作网络； •强化研究能力：构建新型研发体系、深化大学改革、普及和完善“日本研究数据基础系统”

（三）欧盟以“龙头企业+初创企业”为主体推动发展未来产业

欧盟积极推进战略部署，谋求未来产业全球竞争优势。欧盟相继发布《促进繁荣的未来技术》《欧洲新工业战略》等，支持发展对欧盟未来工业有重要战略意义的关键技术，如机器人技术、微电子技术、量子技术、工业生物技术、纳米技术等，增强欧盟在全球产业竞赛中的竞争力和地缘政治角逐中的战略自主性。

作为欧盟的双引擎之一，德国2019年出台实施《国家工业战略2030》，突出强调发挥企业在未来产业发展中的主体作用，重点扶持光学、3D打印等十大重点工业，以保持其先进工业制造的全球核心竞争力。一方面，充分发挥龙头企业带动作用。德国《国家工业战略2030》提出，为重点领域的相关企业提供更廉价的能源和更有竞争力的税收制度，并放宽反垄断法，允许形成“德国冠军”甚至“欧洲冠军”企业，以提高德国工业全球竞争力，在外国企业收购德国敏感行业和关键技术时，国家可以以入股的方式直接干预交易。德国政府出面协调建立跨企业的联合体共同进行电动汽车电池的开发、人工智能研究等工作。另一方面，培育未来产业的新优势企业。通过设立德国“未来基金”，为初创企业提供风险投资，提高企业研发投入的免税额度。此外，德国为应对新冠疫情给工业带来的重创，2020年推出1300亿欧元刺激经济计划，其中500亿欧元投资未来产业，重点聚焦药物和疫苗研发、电动汽车、氢能、数字化和通信技术、人工智能和量子技术等领域前沿技术开发。

（四）俄罗斯以“技术网络+市场网络”交汇发展未来产业

2014年俄罗斯国情咨文提出建立“国家技术计划”，旨在发展2035年前能形成新产业的技术，从而为实现俄罗斯技术领先创造条件。2016年“国家技术计划”被列入《俄罗斯联邦科学技术发展战略》，由俄罗斯联邦教育与科学部主管、俄罗斯战略倡议署和俄罗斯风险投资公司（JSC RVC）组织实施。

俄罗斯“国家技术计划”强调“技术网络+市场网络”对未来产业发展的双支撑作用，在选择优先技术方向时注重未来市场收益，通过综合考量优先技术方向与优先市场方向选择未来产业发展重点。一方面，俄罗斯“国家技术计划”从市场维度明确能源网络、食品网络、安全网络、健康网络、航空网络、海洋网络、汽车网络、金融网络、神经网络等九大发展重点。九大发展重点筛选的标准是，到2035年国际市场规模将会达到1000亿美元；市场优先针对满足终端消费者的需求（即B2C优先于B2B）；俄罗斯具备在细分市场取得竞争优势并占据相当一部分市场份额的条件；俄罗斯拥有力图在该新兴高技术领域成为国际领先的技术型企业等。另一方面，俄罗斯“国家技术计划”从技术维度提出能解决市场需求的技术优先方向，形成技术网络，包括数字化设计和建模、超级计算机、新材料、增材制造技术、柔性生产技术、机器人技术、传感器、工业互联网、大数据、虚拟和增强现实技术、专家系统和人工智能、未来工厂等。

俄罗斯“国家技术计划”分两个阶段推进。第一阶段为2017—2019年，主要任务有：从组织、财政和法律等方面提供机制保障，调整科技创新和国家经济社会政策，做好应对重大挑战的准备；启动一系列适应国家中长期发展需要的基础及交叉学科研究项目；完善国家科技人才培养和引进体系；创造条件，吸引国内外投资进入科技创新领域。第二阶段为2020—2025年，主要任务是：制定一批俄联邦科技发展的优先规划，为国家经济发展提供全新技术解决方案；在组织和法律上为落实科技规划提供保障，推动科技成果商业化，加速新产品研发，做好应对重大挑战的准备；通过实施“国家技术计划”支持企业走向国际市场，扩大科技产品出口。

三、主要经济体发展未来产业的经验总结

综合来看，全球主要经济体支持未来产业发展的具体措施有一定借鉴意义，特别是围绕未来产业细分领域选择、投融资支持、研发载体创新、企业孵化等方面，部分创新政策值得借鉴。

第一，完善未来产业细分领域选择机制。未来产业具有高度不确定性，因此对未来产业技术细分领域的精准选择十分重要。从全球主要经济体创新做法来看，有些经验可以借鉴。一是通过专利分析、技术调查遴选未来产业细分领域。韩国通过专利趋势、技术竞争力、技术调查系统分析技术的战略价值，依据本国在各技术领域的竞争态势将其划分为领先型、竞争型、追赶型，并据此提出政策方针，明确合理的研发路线图。二是通过政府与民间企业讨论，凝聚未来产业技术共识。韩国通过政府与企业进行研讨分析、未来产业战略技术民意调查，凝聚政府与企业的未来产业战略技术共识，促进其更好发展。三是结合市场角度探索未来产业高弹性细分领域。俄罗斯通过估算未来产业市场规模，从市场角度研判未来产业领域。

第二，强化未来产业投融资支持。未来产业创新成本高、技术转移孵化周期长，因此相应的投融资支持十分必要。一是要注重大规模投入。美国《芯片和科学法案》分别拨款810亿美元、679亿

美元支持美国国家科学基金会、能源部用于创新研究。二是要坚持长周期投入。法国于2010年、2014年、2017年、2021年均启动1期“未来投资计划”，支持未来产业发展。欧盟于2021年设立欧洲创新理事会，计划7年内连续以超100亿欧元预算支持未来产业发展，成立未来基金对欧盟具有战略性意义的重点企业进行长期投资。三是要探索多模式投入。英国设立产业战略挑战基金，鼓励养老基金投资新兴高科技企业。法国以政府公共投资、企业投资、国有银行投资、免税等形式支持未来产业关键技术研发。俄罗斯使用PPP模式支持未来产业发展。

第三，打造未来产业的研发创新载体。交叉学科、交叉领域是未来产业的一大特点，因此也需要相应的创新载体。一是建立跨学科、跨机构的综合性新型研发机构，例如IBM公司和英国科学技术设施委员会合作建设的英国哈特里国家数字创新中心。二是建立贯通研发到生产的新技术转化机构，例如美国布局建设半导体先进制造研究院，从技能培训、研发到制造全链条支持美国芯片产业发展；英国工程和物理科学研究委员会成立靶向医疗、化合物半导体等13个未来制造业研究中心，重点支持早期研究的商业化以推动未来制造业更快地采用新技术和新商业模式。三是建设汇聚产学研主体的创新集群与园区，例如覆盖从技能培训、基础研究到产业应用的德国巴伐利亚“马丁斯里德生命科学园区”“慕尼黑量子谷”以及法国巴黎数字健康科技园等。

第四，创新未来产业的企业孵化模式。企业是未来产业发展的主体，科技初创企业、中小企业是未来产业最有活力的部分，如何孵化好未来产业，企业十分关键。从全球范围来看，欧盟通过新兴技术研发、加速器计划和专项股权基金的组合式资助措施，支持创新型初创企业和中小企业。德国设立“未来基金”为未来产业领域的初创企业提供风险投资。俄罗斯通过风险融资、技术转让、公共采购、知识产权注册、加速器等综合服务为未来产业领域的初创企业提供各类支持。英国创建“国家生产力中心”，打造以算法为核心的技术创新优势和基于算法优势的创业生态系统，为大量有数据有应用场景的初创企业提供支持。总体看来，风险投资支持、技术转让咨询、公共采购倾斜、营商环境优化、创新生态汇聚都必不可少。

第五，打造未来产业发展的人才队伍。一方面，主要国家普遍重视加强基础教育，特别是STEM教育，通过培养高素质创新人才引领未来产业发展。美国国务院教育和文化事务局在2022年出台《STEM早期职业研究计划》，增加22个STEM人才专业，取消STEM人才合法移民障碍。日本从初中教育阶段开始推行STEM教育和人人参与全球创新学校构想，以期振兴基础学术研究。另一方面，主要国家积极引进全球科技人才，快速积累关键核心技术并加速未来产业发展。英国推出高潜力人才签证，允许全球顶尖大学毕业生在未获得工作机会时就可以来英国找工作，成功拿到该签证后可以自由地更换工作，未来还能在英国续签及转永久居留。德国通过博士后资助项目吸引国际青年人才留学德国，并在2020年3月起实施的《专业人才移民法》中完善了一系列更具针对性的引导、吸引、便利非欧盟国家的科技人才移民德国的规定，通过施行新国籍法从法律层面最大限度地保留境内非德裔人才。

专栏2-1　美国未来产业研究院运行模式[1]

2020年6月，美国总统科技顾问委员会（PCAST）首次提出未来产业研究院构想，2021年1月发布《未来产业研究院：美国科学与技术领导力的新模式》中细化了未来产业研究院建设方案。

管理结构上，未来产业研究院以有限责任公司形式组建，下设针对各个不同未来产业的研究院，由美国未来产业研究院国家办公室负责推动研究院间合作。各研究院由各自独立的理事会管理，理事会负责研究院核心领导团队任命、项目检查、财务监督、发展成效评价等日常监督管理工作和战略指导，理事会成员为政府、学术界、产业代表和重点研究方向的外部专家。人员配置上，研究院采用双重聘用、联合聘用、阶段性任职等多元用人机制，允许研究人员、教师、技术人员等在原本归属的机构和研究院之间自由流动。资金投入上，美国联邦政府安排中长期预算保障研究院运行，根据研究院所处发展阶段调整的需要调整资金量和支持方式。研究院在早期发展阶段主要使用由多个政府部门预算建立的“种子基金”，随着研究院运行模式、商业模式的成熟，政府

[1]　万智慧，刘磊鑫.美国未来产业研究院建设模式及特色亮点[EB/OL].（2023-06-02）[2023-11-20]. https://mp.weixin.qq.com/s?src=11&timestamp=1704331902&ver=4997&signature=9r2YhPBgRKuiEQ3RpsWN6lYNC5uKJ2VSSJCzGuLgR*4GA2Or*rDGZQeHts69GuM5kI0HGeu4giJr8tZeVQy9ZbfbVkpCzwH87c42nsfa-QOc09UPmztF3wipHZS-Zba7&new=1.

资金逐渐退出，非政府资金成为研究院的主要经费来源。

与美国同类研究机构相比，未来产业研究院有四个特点。

一是全流程整合。美国现有的研究机构如美国先进制造研究所、美国制造业创新研究院等通常只关注创新链条中的部分环节，未来产业研究院通过集聚多个研究机构的科学、技术、工程等研发力量，整合基础研究、应用研究、产品研发、产业化、市场推广等创新资源，在研究院各自关注的未来产业领域形成一条龙创新链条。

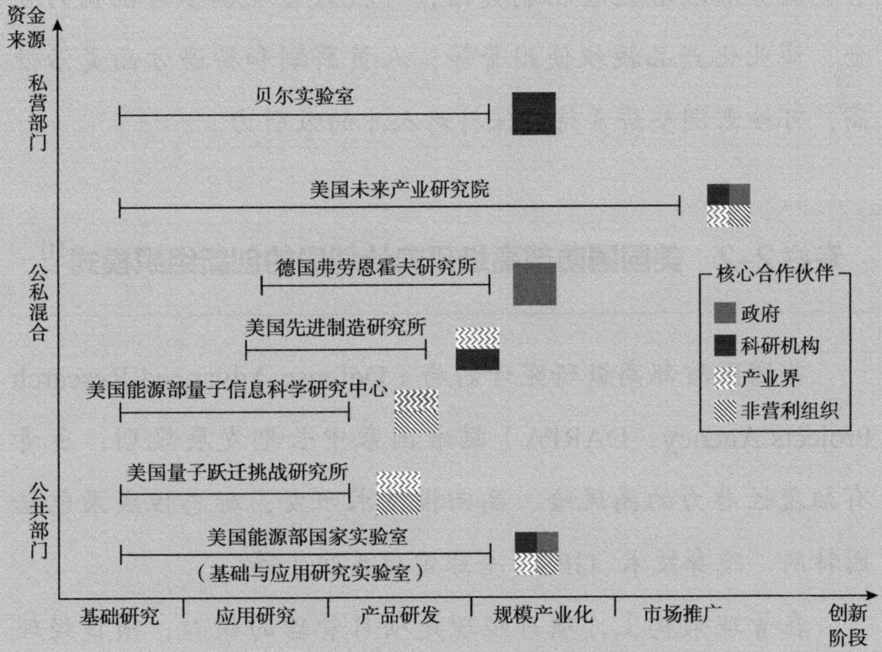

未来产业研究院与其他研究机构的比较[1]

[1] 张原，张百茵，张健洲.美国未来产业研究院与制造业创新研究院对比及启示[EB/OL].（2021-07-07）[2023-11-20]. https://www.thepaper.cn/newsDetail_forward_13413333.

二是多主体参与。研究院的建设运营主体包括政府、学术界、产业界、非营利组织等与产业创新相关各单位、企业和组织，在研究院建设运营中，地方政府作为主要资助方提供用地、税收、金融方面的支持，国家实验室提供科研基础设施和外部研发合作资源，高校提供基础和应用研究人员及校园空间，制造业企业提供工程和制造经验、商业设施、数据和计算资源等。

三是运营机制灵活。研究院以有限责任公司形式组建运营，财务管理和运营机制灵活，可较好管理各参与机构的资金、商业化产品授权使用费等，人员薪酬和待遇方面灵活性高，可按需调整薪资待遇保持对人才的吸引力。

专栏2-2 美国国防部高级研究计划局的创新组织模式[1]

美国国防部高级研究计划局（Defense Advanced Research Projects Agency，DARPA）瞄准国家中长期发展规划，负责有颠覆性潜力的高风险、高回报技术研发，标志性成果包括因特网、隐身技术、GPS（全球定位系统）等。

在管理架构上，项目经理是项目管理的核心，项目经理

[1] 张磊.美国国防科技创新机构系列报道之二：高级研究计划局（DARPA）[EB/OL].（2023-05-12）[2024-01-04]. https://mp.weixin.qq.com/s?src=11&timestamp=1704337879&ver=4997&signature=Icei6kP-8V9*hZ05Wfse2CPrMY8OUhQq5y7yI07pMmIcaQhUrM8DcLjD6nAKwgV8MoIqe1hqszbsq5eLmzCwgxM-fhaDzp8IQRamzP6T*6Q5hADrAodkqnbeqtMWBodv&new=1.

负责科技研发项目的执行与资源配置，选拔适合的项目经理是DARPA成功的关键。DARPA的规模不大，2020年该机构共有雇员224名，其中包括103名项目经理，平均任期4年。

在研究经费上，DARPA年研究经费占国家研究及开发（R&D）资金的比重不到1%，占国防部研究、开发、试验及评估（RDT&R）预算的比重不到4%，每年大概有30亿美元的预算分配给200多个研究项目。DARPA拥有经费的自主管理权。

在项目实施上，DARPA采取分阶段资助验收和项目过程开放的项目管理方式。项目会在启动时按照时间节点设置阶段性目标，在关键性时间节点接受评审，评审通过时划拨下一阶段经费，未通过时取消或修正项目。项目前期阶段通常资助金额较低，若项目在前期阶段研发顺利，技术成果明显，发展前景良好，会在后续阶段增加资助额度。

DARPA奉行“允许试错、宽容失败、充分信任”的良性创新文化与灵活多样、量体裁衣的创新模式，积累了一批成熟的创新方法。

当需要调动全社会创新积极性时，DARPA常采用“挑战赛”模式和众包模式等。DARPA通过举办挑战赛，吸引各专业领域的高校和其他各类机构参赛。DARPA较早开展众包创新尝试，如采用众包模式用不足半年时间成功完成作战支援车辆XC2V原型研发等。

当需要调动精锐研发力量协力完成研发时，DARPA常采用平台模式和“创新会馆”模式等。DARPA于2019年推出多学科、多领域协同创新的Polyplexus平台，以期将社交网络的力量应用于高新技术研究和开发。为应对具有短期创新要求的技术研发任务，DARPA采用“创新会馆”模式，将不同领域的研究人员集合起来协同工作，以加速技术难题攻关速度、提出创新性解决方案。

当围绕某些特定主题进行长期研发时，DARPA常采用迭代创新模式，围绕一个共同的高新技术主题，以“滚雪球”的方式，在利用相关项目完成小颗粒度技术创新后，将多项小颗粒度技术汇聚、融合，形成更大的项目，从而使该技术主题下的相关研发能够持续推进、深化拓展，逐渐形成技术优势。

DARPA鼓励大众式创新，常采用创意征集模式，向各类研发主体发布征集请求，使用的征集类型包括广泛机构公告（BAA）、小企业创新研究（SBIR）公告、小企业技术转让研究（STTR）公告、研究公告（RA）、征求建议书（RFP）等。

第三章　我国未来产业的发展探索

发展未来产业是新一轮大国经济竞争的重头戏，事关中长期全球经济主导权的更替、国家竞争新优势的兴衰。未来产业发展“不进则退、慢进亦退”，只有加快前瞻布局，未来产业才能赢得发展先机。

一、我国发展未来产业的战略意义

（一）发展未来产业是打造全球竞争新优势、抢占国际竞争制高点的战略先手棋

未来产业正成为当前及今后较长时期全球经济和产业竞争最激烈的战略必争之地。从全球形势看，面对世界百年未有之大变局，未来产业正日益成为国际竞争和大国博弈的焦点，世界经济大国和强国高度重视并加快部署未来产业发展，聚焦关键领

域，以期赢得未来产业发展先机。美国、日本和欧洲等国家和地区纷纷出台未来产业相关政策规划，强化前沿技术研发、创新未来产业孵化。面对全球激烈竞争，我国与发达国家处于未来产业发展的同一起跑线，发展未来产业是抢抓未来发展主动权、构筑非对称优势的战略先手棋。从历史教训看，在光刻机、工业软件、操作系统等二十世纪七八十年代的未来产业领域，我国起步并不晚，一些科研院所一度自主研发取得重大突破甚至居国际领先地位，但由于技术、市场、政策等因素制约，这些前沿技术没有得到有效孵化转化，当时的未来产业没有得到有效培育壮大，导致出现现在关键核心产业“卡脖子”问题（见表3–1）。镜鉴历史教训，发展未来产业时不我待、刻不容缓，是不容错过的战略机遇，是在下一个5~10年甚至更长时期赢得先发优势的关键所在。

表3–1　二十世纪七八十年代的未来产业培育历程

产业	发展曙光	遭受挫折
光刻机	中国光刻机研发与美西方国家基本同步起跑，一度达到国际先进水平。1971年，清华大学徐端颐团队成功研制出中国首台光刻机。1991年，徐端颐团队研制出性能达到国际先进水平的“分步投影光刻机”	中国光刻机“幼苗”缺乏“抚育保护”，在发达国家倾销打压下夭折。1991年，“巴黎统筹委员会”取消对华光刻机禁运，美日企业廉价对华倾销光刻机。清华大学研发制造的新型自动光刻机因没有市场需求被迫夭折

续表

产业	发展曙光	遭受挫折
工业软件	中国工业软件发展始于1978年机械工业部对IBM公司的MRPII软件引进消化再创新。1987年，北京机械工业自动化研究所自主研发的工业软件获得机械工业部科技进步一等奖。20世纪90年代中期，许多本土工业软件开发企业蓬勃而起	中国初生的工业软件遭到欧美国家打压，与国外相比差距越来越大。欧美工业软件企业通过捐赠和赞助，弱化我国软件研发、运用的基础性教育，导致大学、科研院所工业软件研发、运用能力逐步退化
操作系统	中国的科研院校早在20世纪60年代中期就开始自主研发国产操作系统。1989年，中国计算机服务总公司与中国软件技术公司共同承担开发国产COSIX操作系统的任务，并纳入“八五”攻关计划。1997年，国产COSIX操作系统研发成功	中国新生的操作系统始终处于艰难突围的努力中，研发与市场生态不足始终是痛点。加上缺乏配套的硬件设施，市场生态环境恶劣，国产操作系统发展之路困难重重

（二）发展未来产业是打造经济增长新引擎、建设现代化产业体系的重要动能

习近平总书记在《中共中央关于制定国民经济和社会发展第十四个五年规划和二〇三五年远景目标的建议》的说明中提出，我国经济有希望、有潜力保持长期平稳发展，到2035年实现经济总量或人均收入翻一番，是完全有可能的。未来产业具有高成长特征，是实现经济总量或人均收入翻一番最重要的新增长点，有望培

育发展成为一批产业规模大、带动能力强的万亿级新支柱产业。与此同时，我国经济社会发展面临的资源环境约束趋紧，劳动力、土地等要素成本不断攀升，产业发展面临“高端突破压力”“中低端分流”双向挤压，产业智能化、绿色化、融合化转型成为破局关键。未来产业具有强赋能属性，通过广泛渗透产业链上下游各个环节，赋能千行万业催生新业态、新模式，是推动产业体系走向智能化、绿色化、融合化的重要动能。例如，人工智能孕育新技术、打磨新产品、塑造新优势，有望为传统产业智能化转型升级提供先进的软硬件产品与系统解决方案，未来能源将推动能源生产、储运、消费全流程绿色低碳化，创造新的能源消费模式，助力产业绿色化转型。

二、我国发展未来产业的优势条件

前瞻布局未来产业要立足于本国国情，充分发挥我国在体制机制、科技创新、市场应用、产业基础、营商环境等领域的优势。

（一）集中力量办大事的体制机制优势

习近平总书记指出，“我们最大的优势是我国社会主义制度能够集中力量办大事。这是我们成就事业的重要法宝。过去我们取得重大科技突破依靠这一法宝，今天我们推进科技创新跨越也要依靠这一法宝”。集中力量办大事是培育发展未来产业的制度优势。从前瞻布局看，通过国家发展规划、专项规划、年度计划以及重大工程、重大项目、重大改革，围绕国家战略需求，超前部署、久久为功培育一批事关国家长远发展的未来产业。从技术策源看，能够集中力量建设大科学装置，组建适应未来产业发展需要的新型研发机构，组织重大科研计划，强化国家战略科技力量，大幅提升科技攻关体系化能力，在若干重要领域形成竞争优势、赢得战略主动。从产业转化看，能够调动中央企业和地方国有企业将科技创新和产业发展向未来产业领域倾斜，引导地方政府加大对未来产业的支持，全国形成支持未来产业发展的合力。

（二）大国科技创新体系的技术策源优势

习近平总书记指出，“在激烈的国际竞争中，我们要开辟发展新领域新赛道、塑造发展新动能新优势，从根本上说，还是要依靠科技创新”。科技创新是培育未来产业的“最初一公里”。瞄准高水平科技自立自强，北京、上海、粤港澳大湾区打造国际科技创新中心，建设北京怀柔、上海张江、粤港澳大湾区、安徽合肥综合性国家科学中心，吸引、汇聚、整合全国资源打造科创高地，各类创新型企业、新型研发机构在细分科技领域做精做强，呈现“多点突破”态势。我国基础研究和原始创新成果不断涌现，在能源安全、量子信息、脑科学、生物育种、空天科技、深地深海等前沿领域取得重大成果，在关键领域与发达国家和经济体的差距持续缩小，在一些新赛道新领域形成与世界领先国家同步并跑、比肩竞争的良好态势，为未来产业提供源源不断的创新策源。

（三）超大规模市场应用的成果转化优势

习近平总书记指出，“市场资源是我国的巨大优势，必须充分利用和发挥这个优势，不断巩固和增强这个优势”。前沿技术转化为未来产业，离不开超大规模市场这个关键动力。从经济体量看，2022年中国GDP总量达121万亿元，占全球经济的比重达18%，稳居全球第二大经济体。超大规模市场形成未来产业的潜在需求，为前沿技术产品提供了充分的市场。此外，多样化的应用场景需求也有望催生出更多未来产业技术路线，多技术路线同台竞技、不断演进，更具应对技术创新和应用场景不确定性的韧性。从企业规模看，截至2022年4月底，全国登记在册经营主体中企业4991.9万户、个体工商户1.06亿户、农民专业合作社222.4万户，为技术成果转化提供了最广泛的群体。近年来，由企业主导的产学研创新联合体、“揭榜挂帅”、“企业家出题，科学家答题”等产学研协同创新、技术转移转化方兴未艾。据国家知识产权局测算数据显示，2022年我国发明专利产业化率达到36.7%，通过产学研合作产出的发明专利产业化平均收益达到1038.5万元/件。

（四）最完备工业体系的产业配套优势

习近平总书记指出，“不论经济发展到什么时候，实体经济都是我国经济发展、我们在国际经济竞争中赢得主动的根基”。最完备工业体系是培育未来产业的坚实根基，我国拥有全球最完整、规模最大的工业体系和完善的配套能力，是全世界唯一拥有联合国产业分类中全部工业门类的国家，500余种主要工业产品中有220多种产量居世界第一位，2022年工业增加值突破40万亿元大关，已连续13年居世界首位，累计培育专精特新中小企业7万余家。未来产业技术路线逐步成熟以后，竞争的关键就在于如何快速形成规模化、产业化优势。门类齐全的工业体系和巨大的工业规模为前沿技术转化提供了完备的产业链配套，能够将新产品快速大规模产业化并在产业化过程中持续改进工艺、降低成本、提高性能。我国在长三角、珠三角、环渤海等地形成了许多具有国际竞争力的专业化产业集群，通过依托产业集群发展，可以进一步发挥集聚效应，更快地促进前沿技术向大规模生产阶段转化，有利于增强最终产品的综合竞争力。

（五）包容创新创业的营商环境优势

习近平总书记指出，“完善产权保护、市场准入、公平竞争、社会信用等市场经济基础制度，优化营商环境”。培育未来产业，恰如把一粒种子培育成一棵参天大树，良好的营商环境就是适宜的温光水气。近年来，我国市场化、法治化、国际化的营商环境持续优化，为未来产业“种子”企业壮大提供了良好的“土壤”。政策实践上，不断优化企业发展环境，破除制约企业发展的“玻璃门”，有效降低企业运营的制度性成本。《2022年度中国营商环境研究报告》显示，超九成受访企业对中国营商环境评价为“满意”及以上水平，社会信用、财税服务、社会法治等领域提升明显，财税扶持进一步向科技创新倾斜，助力科创企业又好又快发展。此外，我国多层次的资本市场体系，为未来产业企业发展注入发展动能。风险投资在科创企业发展初期发挥着关键支持和引导作用，登陆资本市场则是科创企业发展壮大的“关键一步”，科创板、创业板、北京证券交易所等为科创属性企业的发展提供了新的平台，助力其做大做强，带动未来产业高速成长。

专栏3-1 国家实验室的建设情况

国家实验室是以国家现代化建设和社会发展的重大需求为导向，开展基础研究、高技术研究和社会公益研究，积极承担国家重大科研任务的国家级科研机构。国家实验室是国家规格最高的实验室，按国际一流标准建立，基本涵盖本学科领域所有研究方向，代表着某一领域的突出水平，是国家水平的战略科技力量，也是面向国际科技竞争的创新基础平台。

序号	国家实验室名称	状态	依托单位	所在城市
1	国家同步辐射实验室	建成	中国科学技术大学	合肥市
2	正负电子对撞机国家实验室	建成	中国科学院高能物理研究所	北京市
3	北京串列加速器核物理国家实验室	建成	中国原子能科学研究院	北京市
4	兰州重离子加速器国家实验室	建成	中国科学院近代物理研究所	兰州市
5	青岛海洋科学与技术试点国家实验室	建成	中国海洋大学等	青岛市

续表

序号	国家实验室名称	状态	依托单位	所在城市
6	磁约束核聚变国家实验室	筹建	中国科学院合肥物质科学研究院、核工业西南物理研究院	合肥市
7	洁净能源国家实验室	筹建	中国科学院大连化学物理研究所	大连市
8	船舶与海洋工程国家实验室	筹建	上海交通大学	上海市
9	南京微结构国家实验室	筹建	南京大学	南京市
10	重大疾病研究国家实验室	筹建	中国医学科学院	北京市
11	蛋白质科学国家实验室	筹建	中国科学院生物物理研究所	北京市
12	航空科学与技术国家实验室	筹建	北京航空航天大学	北京市
13	现代轨道交通国家实验室	筹建	西南交通大学	成都市
14	现代农业国家实验室	筹建	中国农业大学	北京市
15	中关村国家实验室	挂牌成立	/	北京市
16	怀柔国家实验室	挂牌成立	/	北京市
17	昌平国家实验室	挂牌成立	/	北京市

三、我国发展未来产业的探索实践

（一）各部委结合自身职能积极推进未来产业发展

2021年4月，国家发展改革委召开新闻发布会表示，国家发展改革委将会同有关方面，加强顶层设计和统筹协调，提前布局并积极培育发展未来产业。2022年11月，科技部、教育部公布《未来产业科技园试点及培育名单》，北京市、上海市、江苏省、湖北省、广东省、四川省、陕西省、黑龙江省等8个省、直辖市的共10家未来产业科技园成为首批未来产业科技园建设试点，依托地方优势，重点培育空天科技、信息安全、未来网络、生物医药、未来交通等领域。2023年3月，工业和信息化部主要负责同志在国务院新闻办公室举行的“权威部门话开局”系列主题新闻发布会表示，工业和信息化部将研究制定未来产业发展行动计划，加快布局人形机器人、元宇宙、量子科技等前沿领域，全面推进6G技术研发。2023年7月，国家发展改革委主要负责同志在《求是》发表署名文章《加快建设以实体经济为支撑的现代化产业体系》，提出“对重大战略产业、未来产业要抓紧谋篇布局，推动形成新的增长点”“对前沿技术、颠覆性技术进行多路径探索，推动建立国家未来产业先导区，超前谋划布局一批未来产业”。从部委层面的工作部署看，超前谋划布局一批未来产业、加快形成未来产业发展工作实物量的施工图与任务书正在逐渐形成。

（二）各地结合科技与产业基础竞相“落子”未来产业

北京市、上海市、浙江省、深圳市等地率先制定实施关于未来产业的发展规划、行动计划、实施方案与配套政策举措，把前瞻布局培育未来产业作为拼经济谋长远的重头戏，并提出中长期未来产业发展蓝图。部分省市开始探索以未来产业先导区、概念验证中心建设等为抓手加快形成未来产业培育的实物工作量。上海市提出要在2030年实现未来产业产值5000亿元左右，河南省提出在2025年未来产业增加值占战略性新兴产业增加值比重超过15%，山西省提出2025年未来产业主营业务收入达到8000亿元，南京市提出2025年未来产业实现主营业务收入3000亿元以上，增加值占全市生产总值的5%左右。此外，2023年地方两会显示，全国有约20个省市围绕类脑智能、量子信息、基因技术、未来网络、深海空天开发、氢能与储能等前沿科技和产业变革领域布局未来产业发展，各地谋划发展未来产业的势头方兴未艾（见表3–2、表3–3）。

表3–2　部分省市未来产业发展相关政策文件中的发展重点和目标

政策文件	发展重点	发展目标
《上海打造未来产业创新高地发展壮大未来产业集群行动方案》（2022年10月）	•未来健康：脑机接口、基因和细胞治疗、合成生物、生物安全； •未来智能：智能计算、6G技术、量子科技、拓展现实（XR）、通用AI； •未来能源：先进核能、新型储能； •未来空间：深海探采、空天利用； •未来材料：高端膜材料、高性能复合材料、非硅基芯材料	2030年： 在未来健康、未来智能、未来能源、未来空间、未来材料等领域涌现一批具有世界影响力的硬核成果、创新企业和领军人才，未来产业产值达到5000亿元左右； 打造5个未来产业集群，建设15个左右未来产业先导区，攻关100个左右核心部件，推出100件左右高端产品，形成100项左右中国标准，促进产业集聚引领发展。 2035年： 形成若干领跑全球的未来产业集群

续表

政策文件	发展重点	发展目标
《南京市加快培育新赛道发展未来产业行动计划》（2022年9月）	• 新一代人工智能、第三代半导体、基因与细胞、元宇宙、未来网络与先进通信、储能与氢能	2025年： 全市未来产业实现主营业务收入3000亿元以上，增加值占全市生产总值的5%左右； 重点突破一批填补国内空白的关键核心技术，未来产业竞争优势和示范带动能力显著提升，发展水平位居全国第一方阵
《关于浙江省未来产业先导区建设的指导意见》（2022年1月）	• 人工智能、区块链、第三代半导体、量子信息、柔性电子、未来网络、空天一体化、生物工程、前沿新材料、先进装备制造、先进能源、元宇宙	2025年： 颠覆创新力量显著增强、科创高地建设取得实效、未来产业体系构建完善，培育一批具有国际影响力的未来产业发展平台和龙头骨干企业，打造30个左右特色鲜明、引领发展的未来产业先导区，成为浙江省未来技术创新策源地、创新成果转化试验地、未来场景应用引领地、未来产业发展集聚地
《深圳市培育发展未来产业行动计划（2022—2025年）》（2022年6月）	• 5~10年内有望成长为战略性新兴产业：合成生物、区块链、细胞与基因、空天技术； • 10~15年内有望成长为战略性新兴产业：脑科学与类脑智能、深地深海、可见光通信与光计算、量子信息	2025年： 产业梯次接续发展。合成生物、区块链、细胞与基因、空天技术等产业出现爆发性增长；脑科学与类脑智能、深地深海、可见光通信与光计算、量子信息等产业形成技术研发优势； 产业竞争不断增强。产业整体规模不断扩大，培育一批专精特新企业，取得若干个突破性科研成果，拓展若干个未来技术应用场景和迭代示范工程，新增若干个战略性新兴产业集群

表3–3 部分省市2023年政府工作报告中对未来产业的部署要求与重点领域

地区	部署要求	重点领域
天津市	前瞻布局未来产业。在信创、先进材料、生物技术、细胞科学、脑机交互等领域转化一批科研成果，培育发展未来产业	信创、先进材料、生物技术、细胞科学、脑机交互
吉林省	争取国家战略科技力量布局，建设国家创新驱动发展试验区、国家双链融合发展试验区、国家未来产业孵化试验区	—
黑龙江省	航天高端装备未来产业科技园获批。加快建设环大学大院大所创新创业生态圈，高质量打造航天高端装备未来产业科技园	航天高端装备
江苏省	深入实施数字经济核心产业加速行动计划，做强做优“数智云网链”等新兴数字产业，积极发展第三代半导体、元宇宙等未来产业	第三代半导体、元宇宙
浙江省	打造第三代半导体、基因工程、前沿新材料等一批具有技术领先性和国际竞争力的百亿级“新星”产业群，前瞻谋划布局引领发展的未来产业	第三代半导体、基因工程、前沿新材料
福建省	布局人工智能、量子科技、元宇宙等未来产业，打造大数据、物联网、卫星应用等千亿产业集群，实现数字经济增加值2.9万亿元以上	人工智能、量子科技、元宇宙
江西省	加快未来产业培育创新发展，打造特色鲜明的现代化工业体系	—
山东省	强力突破新兴产业、未来产业，推进数字强省、智慧山东建设。探索基础研究长期稳定支持机制，推进10家省级基础科学研究中心建设。在新兴交叉、产业跨界、未来产业领域，推进一批科技示范工程	—

续表

地区	部署要求	重点领域
河南省	培育医学、医药、医养新生态。推动氢能与储能、生命健康、量子信息等产业尽快成规模，争创国家未来产业先导示范区。到2025年形成以传统产业为基础、新兴产业为支柱、未来产业为先导的先进制造业体系	氢能与储能、生命健康、量子信息
湖北省	光电与医疗装备科技园入选全国首批10家未来产业科技园建设试点。超前布局量子信息、类脑科学、元宇宙等未来产业，抢占产业制高点、塑造竞争新优势	量子信息、类脑科学、元宇宙
海南省	加快构建开放型生态型创新型产业体系。南繁、深海、航天三大未来产业规模突破500亿元，海洋经济突破4000亿元，GDP迈上万亿元台阶	南繁、深海、航天
重庆市	培育人工智能、卫星互联网、绿色低碳等未来产业集群。前瞻布局未来产业，积极参与国家未来产业孵化与加速计划，加快人工智能、硅基光电子等前沿技术产业化，提速建设重庆卫星互联网产业园，共建成渝国家氢燃料电池汽车示范城市群。强化企业科技创新主体地位，启动实施高新技术企业和科技型企业“双倍增”行动计划，打造未来产业科创园	人工智能、硅基光电子、卫星互联网、氢燃料电池汽车
四川省	前瞻布局先进计算、量子通信、工业元宇宙、类脑智能等未来产业	先进计算、量子通信、工业元宇宙、类脑智能
陕西省	前瞻布局生命健康、氢能与储能等未来产业。支持榆林建设氢能产业示范区	生命健康、氢能与储能

续表

地区	部署要求	重点领域
甘肃省	培育壮大新兴产业。谋划布局氢能、新型储能、航空航天等未来产业	氢能、新型储能、航空航天

总体来看，我国培育发展未来产业势头可喜、潜力巨大、远景可期，一批先行城市已经在未来产业孵化培育上取得显著成效。不容忽视的是，一些地方仍然存在畏难情绪，对未来产业的战略地位认识不足，加上未来产业培育的周期长、投入大以及高度依赖创新资源的特征，认为未来产业遥不可及、高不可攀，尤其在中西部地区表现得比较突出，缺乏从地方优势产业与应用场景出发布局未来产业细分赛道的战略谋划；一些地方仍然处于观望状态，在其未来产业布局上仍然简单奉行“拿来主义”，习惯于“买开始下蛋的母鸡”的传统短平快招商思路，加上未来产业培育需要跨越从科技成果到产业转化的“死亡之谷”，不习惯于像从鸡蛋开始孵小鸡一样去培育未来产业；一些地方布局未来产业开始出现“扎堆”苗头，需要吸取因抢风口“一哄而上”又“一哄而散”的教训，避免出现长期战略短期化、创新资源分散化、产业布局重复化等问题。2023年地方两会显示，已有18个省市布局生物健康产业、17个省市布局类脑智能产业、13个省市布局量子信息产业和氢能与储能产业、8个省市布局深海空天开发产业等；一些地方支持未来产业培育在方式上仍然不得要领，仍然简单套用传统的产业支持政策，例如给土地、给税费优惠等的大水漫灌方式，缺乏对未来产业培育予以精细的条件支持。此外，尽管各地各部门积极出台未来产业发展支持

政策，但也存在分散发力、缺乏统筹等问题，不适应未来产业需要打通科技链、产业链、政策链、人才链、资金链等对跨部门协调合作的要求。未来产业发展重在打造彰显国家竞争优势的“大木桶”，需要避免各地区各部门“各播各的种，各撒各的肥”，分别形成小散弱的“小木桶”，亟须坚持“全国一盘棋”统筹优化未来产业布局。

第四章　各地发展未来产业的行业选择

一、从科技变革看各地未来产业的行业选择

科技变革是未来产业的先声。随着新一轮科技变革向纵深推进，生物医药、互联网络、新能源、新材料、人工智能、深海深地深空等领域涌现出一批突破性技术创新，对推动经济社会高质量发展具有巨大影响，各地围绕科技变革潮流纷纷在未来健康、未来网络、未来能源、未来空间、未来材料等领域布局发展潜力大、带动能力强的未来产业细分赛道。

（一）未来健康

随着人口老龄化现象日趋严峻，加之经历了全球新冠疫情，人们对提高生命质量和健康水平需求更加迫切，人民群众的“医食美安”市场需求持续释放。基因药物、基因检测、预防医疗、再生医学、新型食品、超级生物加工厂等领域科技创新及其产业化加快推

进，未来健康产业迎来前所未有的发展机遇。

未来健康产业蕴藏的巨大潜力吸引了不少地区前瞻布局。例如，上海市近年来推动打造以“张江药谷”为引领、临港新片区等为依托的“1+5+X”生物医药产业基地新布局，当前进一步提出布局“未来健康”，在脑机接口、生物安全、合成生物、基因和细胞治疗等领域打造健康产业集群。黑龙江省依托农业大省、生态大省、寒温带生物基因库等优势，聚力打造千亿级国家生物医药产业集群。大力推动原料药及医药中间体生产、“寒地龙药”生产制造、特医食品产业等发展。

（二）未来网络

未来网络是数字经济的基础支撑，对网络强国、工业强国、科技强军具有举足轻重的支撑作用，并与数字经济、智能制造、智慧城市等发展战略同频共振。光电太赫兹通信、高速全光通信、6G等前沿技术成为科技攻关重要方向，超宽带光通信、专用特种通信、高速宽带无线接入等得到持续突破，为未来网络发展奠定坚实技术策源基础。未来网络试验设施CENI是国家战略科技力量之一，对孵化培育未来网络产业至关重要。

处于产业爆发前夜的未来网络已经纳入不少地区发展规划。目前，江苏省、北京市、上海市、广东省、浙江省、山东省等地纷纷布局未来网络产业发展。例如，北京市提出将集中突破高端芯片、人工智能、关键软件、区块链等领域关键核心技术，超前布局6G、未来网络、类脑智能、量子计算等未来科技前沿领域；吸引国内外开源项目与机构在京落地，形成以公共平台、底层技术、龙头企业等为核心的多样化数字技术创新生态。广东省提出要推进未来网络试验设施（深圳中心）建设，构建世界首个以链路层虚拟化为基础的深度虚拟网络；率先开展6G、太赫兹通信等技术研发，争取在基础研究、关键核心技术攻关、标准规范等方面取得突破。

（三）未来能源

党的二十大报告提出“加快规划建设新型能源体系”。建设新型能源体系，必须推进能源科技革命，加强能源技术创新，没有能源科技革命，没有能源技术创新，就不可能有新型能源产品，也就没有能源体系的根本性革命。建设新型能源体系，是一场全球“追风逐日”的转型竞赛，是一场消纳绿电的宏伟布局。新型能源体系建设需要统筹安全、绿色、经济等多重因素，既要创新引领能源发展，形成以技术为主导的现代化能源产业体系；也要推动能源发展绿色转型，推动能源清洁化开发利用和综合效率达到先进水平；还要确保能源安全可靠，产业链供应链自主可控。

发展新型能源、先进储能等未来能源，已经被视作推动地方经济新旧动能转换的新兴产业。例如，河南省基于能源结构偏煤、碳排放大省的地方特性，瞄准太阳能、风能、地热能、生物质能等新能源，积极推动能源替代，并提出确保“可再生能源发电量增量在全社会用电量增量中的占比超过50%，风电、光伏发电装机、发电量比2020年翻一番”的发展目标。甘肃省立足富煤贫油少气、“风”“光”优渥的省情实际，全面推进风电、太阳能发电大规模开发和高质量发展。探索光热发电新模式，谋划实施“光热+风光电”一体化项目。

（四）未来空间

《中华人民共和国国民经济和社会发展第十四个五年规划和2035年远景目标纲要》强调部署“深海空天开发”，并把深空深地深海和极地监测纳入“科技前沿领域攻关”重点任务。深空深地深海环境极端，设备需求多样、技术挑战突出，有望带动相关前沿技术、工程设备突破，丰富未来产业技术供给。同时，深空深地深海极地等未来空间具有国家发展不可或缺的独特资源，依托前沿技术对其进行开发和利用将会涌现大批新业态新产业。我国已启动国家重大科技基础设施建设，包括空间环境地基监测网、大型低速风洞、海底科学观测网、空间环境地面模拟装置等。

一些具备区位优势、科技优势的地区，探索开展了对于深地深海深空的探测技术开发与装备制造，以发掘远未认知和开发的宝藏。例如，武汉市提出大力发展深地深海深空“三深”未来产业，聚焦地球深部勘探开发、深海装备和传感网络开发、深空对地探测等，形成“三深”运载探测装备系列化和配套能力，增强作业支持能力和资源开发能力，带动“三深”技术与装备的自主产业发展。海南省成立“深海照明工程技术联合实验室”以及“崖州湾载人深潜工程实验室”等，集聚深海领域科技资源，开展海洋科技创新活动，以提高海洋资源开发能力。

（五）未来材料

材料产业是工业经济的基础。“十四五”时期是我国调整产业结构、推动制造业转型升级的关键时期，新一代信息技术、航空航天装备、海洋工程和高技术船舶、节能环保、新能源等领域的发展，为未来材料提供了广阔的市场空间，也对未来材料质量性能、保障能力等提出了更高要求。

未来材料对推动产业转型升级、培育经济新增长点具有先导性作用，各地区立足本地产业基础，强化布局未来材料，加快推动传统基础材料转型升级、推动前沿新材料重大技术突破。例如，湖北省提出要围绕产业链部署创新链、围绕创新链布局产业链，面向电子信息、航空航天、汽车、新能源、节能环保、生物医药、现代建筑等重点领域，突破短板材料供应瓶颈、加快传统材料提档升级、推动前沿材料成果转化、加强潜力材料基础研发。安徽省提出要结合“铜墙铁壁”产业转型升级需要，围绕“芯屏器合”“集终生智”等新兴产业发展需求，集中优势资源，锚定新材料产业发展特色赛道，培育形成一批具有核心竞争力产业集群。

二、从发展阶段看各地未来产业的行业选择

未来产业发展具有高度的不确定性，需要根据技术成熟度和市场发育度，分产业分阶段培育，推动产业接续发展。如深圳市提出将未来产业分为“5~10年”“10~15年”成长为战略性新兴产业的发展

思路；以形成梯次成长、接续发展的产业发展格局为目标，推动合成生物、区块链、细胞与基因、空天技术四个产业出现爆发性增长，推动脑科学与类脑智能、深地深海、可见光通信与光计算、量子信息四个产业形成技术研发优势。一些地区的未来产业规划尽管没有明确提出发展阶段的划分，但也不同程度体现了分阶段布局的思路。总体来看，可从近期、中期、远期来总结地方梯次布局的推进思路。

（一）着眼近期，布局未来产业的关键突破口

当前，浙江、上海、广东、北京等地率先布局未来产业新赛道，未来产业总体上进入热启动状态，已经出现液态太阳能燃料、固态锂电池、小分子靶向抗肿瘤药物、神经形态芯片等一批市场前景广阔的突破性创新产品。这些突破性创新产品面临从小批量中试化产品到大规模市场化商品的关键跳跃，是近期孵化培育未来产业的重点赛道。

各地聚焦部分产业领域进行重点突破，加快培育形成引领能力强、经济效益好、具备核心竞争力的标杆性产业。例如，山西省对于未来产业的发展目标是人工智能产业规模突破80亿元，智能传感及物联网产业规模突破30亿元，其他产业领域产业规模逐步扩大。沈阳市在未来产业规划中，提出要在智能机器人、智能网联汽车、通用航空等产业基础良好的领域，研发标志性产品、开展示范运营、加快推广应用。浙江省针对核心技术已实现突破、具有广阔市场空间和应用需求的成长期未来产业，提出建设“区域集聚型未来产业先导区”。

（二）立足中期，布局未来产业的发展主引擎

当前，我国在新能源、新材料、通信技术、生物技术、智能制造等领域出现一批引领性工程技术。这些引领性工程技术是中期布局未来产业的重点领域，关键是发挥好超大规模应用场景的优势，把不断迭代成熟的工程技术与潜在的应用需求结合起来，开发出供需适配的创新产品，进而把工程技术优势转化为产业发展优势。

先行地区围绕未来产业转化孵化的不同环节，提供从技术到产品再到产业的政策支撑与服务保障。例如，江西省提出“技术攻关及成果转化突破工程”，实行关键共性技术“清单制”，分行业、分领域、分层级动态发布重点产业链关键核心技术需求清单，系统推进重点领域攻关突破。促进技术创新成果高效转移转化，强化前沿技术测试验证和演示体验功能，建设公共服务平台和中试基地。浙江省针对前沿技术理论体系已基本成熟、初显产业化应用潜力的孕育期未来产业，推动跨物理区域但具有紧密创新关系的优质企业和研发机构网络化集聚，探索“一中心（创新中心）多平台（产业化平台）”发展模式。深圳市探索产学研协同攻关和产业链上下游联合攻关，建立“一产一策、一技一策、一企一策”工作机制。

（三）面向长期，布局未来产业的创新制高点

“从0到1”的基础研究与原始创新是制约我国长周期增长与高质量发展的瓶颈因素。为夯实发展基础、打破科技瓶颈，我国积极

布局战略科技力量建设、部署重大科技项目，在核聚变、类脑智能、泛基因组等领域出现一批前沿性基础研究成果。这些前沿性基础研究成果面临进一步向工程技术、创新产品的转化，是远期布局未来产业的战略方向。

一些创新能力强、科研底蕴深的地区已经进行了强化基础研究、提升技术策源能力的实践探索。例如，深圳市提出，把握世界科技前沿发展趋势，大力开展基础研究与应用基础研究，实施基础研究专项，重点开展产业需求导向的科学问题研究，加强基础学科之间、基础科学与前沿技术的交叉融合，为产业发展提供源头供给，提升从“0到1”原始创新能力。聚焦未来产业，布局建设一批创新载体，打造未来产业策源地。北京市被赋予“北京国际科技创新中心”的定位[1]，未来要坚持目标导向与自由探索并举，布局基础研究和应用基础研究。加大数学、物理、化学、生命科学等基础学科支持力度，前瞻部署人工智能、生物技术等前沿科学研究，对标集成电路、关键软件、新材料等关键核心技术需求倒逼应用基础研究发展。

三、从基础条件看各地未来产业的行业选择

从基础条件来看，各地对于未来产业的布局是立足于当地特色

[1] 2023年5月，科技部等12部门发布《深入贯彻落实习近平总书记重要批示精神 加快推动北京国际科技创新中心建设的工作方案》。

与产业基础，以“现有产业未来化”和“前沿技术产业化”为抓手，形成了“优中培精”“有中育新”“无中生有”三大发展路径模式。

（一）“优中培精”型

对于一个地区而言，这类产业往往具有地区资源禀赋强、产业基础好、发展态势领先等特征，能够在近几年保持高速增长，成长为具有支柱意义的未来产业，有望打造为全国乃至全球未来产业发展名片的产业。

优中培“精”在于“高精尖”发展，产业链向高端化、高价值发展，能够形成原创性、引领性技术成果与强竞争力科创企业。例如，合肥市高新技术产业开发区立足地区量子产业的良好基础，提出打造“全国首个以量子产业为领先标志的世界领先科技园区”的发展目标，到2035年基本建成“世界量子中心”，实现从国内领跑到世界领先。自主创新和原始创新能力跻身世界前列，在多个领域涌现一批拥有行业话语权的世界级头部企业，形成若干代表国家参与国际竞争的未来产业集群。上海市人工智能发展如今已经构建了较为完备的产业链，在“十四五”期间要围绕全面提升创新策源能力，推动人工智能基础理论研究、前沿技术攻坚突破，完善从研发到应用的创新体系。力争到2025年，基本建成更具国际影响力的人工智能“上海高地”。

（二）“有中育新”型

对于一个地区而言，这类未来产业已经开始孕育，蕴藏颠覆性发展潜力，具有一定发展条件（包括产业基础、历史文化、政策机遇等），一般有望在中短期之内快速发展，能在全国乃至全球产业链和创新链中占据一定位置，需要按照“企业界出题、科技界答题”的发展逻辑，鼓励构建龙头企业牵头、高校院所支撑、各创新主体相互协同的创新联合体，探索产学研协同攻关和产业链上下游联合攻关，加快形成“科学家+企业家”的未来产业成长模式。

有中育“新”既可能是新兴产业的“新树深扎根”，也可能是传统产业的“老树发新芽”。例如，山西省立足煤炭资源大省的深厚基础，结合产业绿色化转型的发展要求，大力发展“煤炭清洁高效利用产业”，提出“未来30年，成为国家煤炭高效清洁利用重要高地，进入国际第一梯队”的发展目标。具体是以绿色化、高效化为目标，在燃煤发电、现代煤化工、煤炭加工废弃物资源化利用等方面，推动煤炭由单一燃料属性向燃料、原料方向转变，实现煤炭分级分质利用和高碳能源向低碳化利用。东莞市作为全国最早布局锂电池产业的城市之一，具有良好的新能源和储能产业基础，如今大力发展新型储能产业，将其作为实现“双碳”目标，以及打造能源工业新业态、培育经济新支柱的重要突破口。

（三）“无中生有”型

习近平总书记提出，“抓住全球产业结构和布局调整过程中孕育的新机遇，勇于开辟新领域、制胜新赛道”。对于地区而言，这类未来产业属于跟踪世界科技前沿、把握产业变革趋势的超前部署，按照“科学–技术–产业”逻辑，沿着从“0”到“1”再到“N”的道路，推动颠覆性技术从实验室到生产车间再到大市场，推动原始创新型未来产业的形成和发展。这既是在前沿领域换道抢滩、打造“独门绝技”的创新之举，也是在重大领域提前布局、避免“落后于人”的战略选择，还是抓住地区科研、产业禀赋与新技术契合点“顺应时势”的主动作为。

无中生“有”在于有条件、有潜力、有机遇、有创新。既要“生逢其时”，拥有广阔的发展前景、具有一定的发展基础，也要“生生不息”，形成激发创新的生命力、培育好创新主体的生力军。例如，贵州省凭借大数据产业弯道超车，从“贫瘠之地”成为“世界数谷”。贵州省发展大数据产业拥有地质结构优良、气候凉爽、供电成本较低等得天独厚的自然优势。贵州抢抓新赛道机遇，通过制度创新、技术创新等，大力推动大数据产业发展。苏州市打造“纳米第一城”，在2005年结合区域产业升级的发展要求，率先发展纳米产业，组建研究机构以夯实基础研究能力、建设纳米城来提供产业发展空间保障，并通过体制机制创新、设立专项投资基金、打造一站式服务体系等，推动产业从无到有、由弱变强。纳米产业产值从2009年的24亿元增长至2020年的超1000亿元，产业规模位列全国第一。

专栏4-1 贵州省大数据产业的“无中生有”：从“贫瘠之地”到“世界数谷”[1]

贵州省深居我国西南内陆，省内多山地丘陵，自古以来对外交流十分不便，经济发展较为落后，素有“烟瘴之地”之称。贵州省将大数据产业，这个曾经与贵州省没有任何交集的新兴产业作为后发赶超的关键战略。经过数年的发展，2022年贵州省数字经济增速连续七年位居全国第一，电子信息制造业增加值增长60%以上，软件和信息技术服务业收入增长99.7%。贵州省大数据产业从“无中生有”到“风生水起”，已经成为地域经济的独特名片。

得天独厚的自然优势

气候：贵州省拥有“两口气”，即清新的空气和凉爽的天气。贵州省气候凉爽，年平均气温为15.3℃，冬暖夏凉的气候让数据中心运行节电10%~30%；而清洁的空气能有效提升数据中心的服务器寿命和稳定性。

地质：贵州省处于是我国少有的几个无震区之一，历史上从未发生过6级以上的破坏性地震，而大型数据中心和灾备中心的建设安全性要求极高，正是需要贵州省稳定的地质条件。

[1] 搜狐网.产业无中生有经典案例：贵州—从“烟瘴之地”到“世界数谷”[EB/OL].（2018-07-19）[2023-11-20]. https://www.sohu.com/a/242173302_771990.

能源：贵州省水力、煤炭等能源资源丰富，是西电东送的主要输出区之一，且电力价格低廉，水火互济的能源结构为数据中心运营节省大量能源成本。

抢占新型产业发展机遇

彼时，大数据产业在国内尚属于新兴产业，各地发展差距较小，几乎站在同一起跑线。在群众贫困、生态脆弱、产业结构单一、经济下行的压力之下，贵州省抢抓新赛道机遇，充分利用本省地区自然禀赋优势，将大数据作为弯道取直、后发赶超的战略引擎，于2014年走上了大数据之路。贵州全省上下开始布局大数据产业发展，出台《贵州省大数据发展应用促进条例》等地方法规，设立贵州省大数据发展管理局，各地各部门将发展大数据作为“一把手工程”，开展“千企改造工程”，深入推动大数据与实体经济深度融合，助力三次产业结构转型升级。

贵州省先行先试发展大数据，不仅走在了其他省份之前，更是为大数据国家战略的实施提供了鲜活的实践案例，探索出了欠发达省份发展大数据的新样板。

先行先试的创新突破

“先发声且快赶路。”产业创新离不开政策的引领与制度的突破。贵州省先行先试发展大数据产业，开辟了一系列国内“首个”的创举：在国内率先作出了大数据的顶层设计，率先建成全国首个省级政府主导的数据聚集共享开放的“云上贵州”平台，率先得到工业和信息化部关于创建贵阳·贵安大数据产业发展聚集区的批复以及科技部关于创建贵阳大数据产业技术创新试验区的批复，率先举办中国国际大数据产业博览会，率先举办中国“云上贵州”大数据商业模式大赛，率先成立贵阳大数据交易所和贵阳众筹金融交易所，率先建立贵阳大数据战略重点实验室，率先颁布了首个大数据地方法规，率先获得了国家批准建设国家大数据（贵州）综合试验区，涵盖了理论研究、平台搭建、基础设施建设、产业链构架、立法保障、专业国际峰会及赛事等多个维度，形成了全方位、多维度的发展保障体系。

第五章　各地发展未来产业的技术策源

未来产业的发展以前沿技术为前提和基础。技术策源既要“顶天”——仰望星空，面向科技源头问题、基础问题做好探索性研究，夯实技术创新的理论基础；也要“立地”——面向落地，围绕我国经济社会发展、民生改善、国家安全等面临的现实问题，以需求为导向研究技术方案。从这一视角看，可将各地发展未来产业的技术策源分为“原始创新驱动”和“重大需求牵引”两种模式。

一、“原始创新驱动”型技术策源

习近平总书记指出：“我国科技界要坚定创新自信，坚定敢为天下先的志向，在独创独有上下功夫，勇于挑战最前沿的科学问题，提出更多原创理论，作出更多原创发现，力争在重要科技领域实现跨越发展，跟上甚至引领世界科技发展新方向，掌握新一轮全球科技竞争的战略主动。”基础研究创新与技术突破是我国科技自立自强的关键，也是未来产业发展的核心驱动力。一方面，当前我国面临的一些“卡脖子”问题，表面上主要表现为技术领域的困难，但实质往往与基础研究领域源头性问题的缺憾紧紧连在一起，“知其然，而不知其所以然”。另一方面，科技发展已步入以跟踪为主转向跟踪和并跑、领跑并存的新阶段，一些先进技术甚至成了他国学习的对象。此时，经济水平、科技实力想再上一层台阶，就必须依靠更多的原始创新。因此，要发展未来产业，引领世界前沿科技发展，就需要注重从基础研究入手，加强原创性、引领性科技攻关，坚决打赢关键核心技术攻坚战。

“原始创新驱动”型技术策源主要是依托前所未有的重大科学发现、基础研究等来推动。对于宇宙演化、意识本质、物质结构、生命起源等的探索和发现，将从根本上拓展人类认识世界和改造世界的边界。这种创新可能在诞生之初并没有明确的应用方向，但却是一些学科和产业的根本性和源头性问题，其研究方向将深刻影响着未来产业的发展走向。例如20世纪DNA（脱氧核糖核酸）的发现，引领基因技术的突破与发展，更是孵化推动了生物技术革命。在实践中，一些研究基础深厚、创新能力强的先进地区，高度重视提升源头创新能力。依托国家战略科技力量、新型研发机构、各类未来技术创新平台，开展前沿技术路径探索与核心技术攻关，加强交叉融合和颠覆性技术供给。从基础研究、应用研究、工程技术研究等方面，突破关键共性和前沿技术，形成能够产业化的核心技术和高质量专利，为未来产业提供技术策源。

（一）依托创新基础设施，打造原始创新策源地

统筹布局国家实验室、省级实验室、大科学装置建设，打造创新基础设施体系。依托实验室、国家重大科技基础设施等创新基础设施打造创新平台。充分发挥创新基础设施“辐射”作用，打造高端设备聚集区、高端人才聚集区、创新思想聚集区、潜力技术聚集区，从而使创新基础设施真正成为原始性、颠覆性技术研发、测试、评估的核心基地。

各地重视依托创新基础设施实现未来产业技术创新策源。例如，浙江省提出建设以国家实验室、全国重点实验室为龙头的新型实验室体系，依托之江实验室、西湖实验室等重点实验室，打造未来产业技术创新平台。山西省提出参照国家建设首期国家实验室的做法，聚焦未来产业重点领域，加快山西省实验室和省重点实验室体系建设。成都市提出建强重大科技基础设施、国家实验室等，推动源于重大科技基础设施的基础理论发现和原始创新，完善衍生转化平台和体制机制设计，为未来重大科学发现、重要技术发明提供源头支撑。

专栏5-1 重大科技基础设施助力未来技术突破——以高能同步辐射光源为例[1]

当前，新一轮科技革命浪潮奔涌，充满机遇和挑战。“工欲善其事，必先利其器。”被称为“大科学装置”的国家重大科技基础设施，是推动重大科技创新、推动未来技术发展突破的利器。目前我国已经布局建设77个国家重大科技基础设施，其中的34个已建成运行，部分设施已经迈入全球第一方阵，为我国诸多重大成果的突破和建设科技强国提供强有力的支撑。

国家重大科技基础设施就像开启未知领域的“钥匙”，可以创造更高能量、更大密度、更高强度等极限研究条件，帮助科研人员探索科技的本质规律，在基础研究方面取得重大突破，解决产业发展中的基础性前沿性问题。如在高能同步辐射光源大科学装置内，由于同步辐射具有很高的光亮度和光通量，在这里可以达到普通实验室光源无法企及的效率和精度，开展普通实验室无法开展的丰富实验手段。研究者可以通过使用各类与同步辐射相关的技术手段，探测样品的原子、电子、声子、磁性等结构，并且可以在各种外加条件（如高/低温、高压、强磁场、强电场、腐蚀性环境）下进行

[1] 董宇辉，苑梦尧.高能同步辐射光源：探索微观世界的大国重器[EB/OL].（2021-07-08）[2023-11-20]. https://epaper.gmw.cn/gmrb/html/2021-07/08/nw.D110000gmrb_20210708_1-16.htm.

实验，不仅可以探测体相的结构，也可以探测表面、界面的结构细节。迄今为止，各国科学家在同步辐射上开展的研究已经获得了5次诺贝尔奖[1]。

可以说，同步辐射光源是“探索微观世界的大国重器”，对科学技术发展的广度和深度有不可比拟的影响。目前，全世界正在运行的同步辐射光源有50多台，是数量最多、支撑学科范围最广的大科学实验设施。我国建设的高能同步辐射光源是中国科学院与北京市政府在怀柔科学城共建的核心装置。该项目于2019年6月29日开工建设，建设周期为六年半。届时，高能同步辐射光源将成为中国第一台高能量同步辐射光源，世界上亮度最高的第四代同步辐射光源之一。电子枪打出的高能电子束，在光源储存环隧道里以无限接近光速奔跑，在2400多块磁铁的作用下，产生亮度远远超过普通灯泡万亿倍的X射线，用于探究纳米级的物质结构奥秘。同步辐射光源将成为一台“超级显微镜”，让科学家在原子和分子的层次上研究物质的内部结构，也可以做大分子结构的研究，支撑众多学科前沿基础研究与高新技术研发。

高能同步辐射光源这一重大科技基础设施的建成将为我国基础科学和工程科学的原创性、突破性研究提供重要支撑。它能为材料科学、化学工程、能源环境、生物医学、航空航

[1]　张航.怀柔科学城大科学装置群建设又有新进展 世界最亮同步辐射光源安装电子枪[EB/OL].（2021-08-16）[2023-06-23]. https://www.beijing.gov.cn/ywdt/gzdt/202108/t20210816_2468601.html.

天、能源环境等众多基础和工程科学研究领域提供先进的实验平台，为我国在与经济社会发展及工业核心需求相关的战略性研究领域取得突破性创新提供强有力的支撑，提升我国原始创新能力和核心技术的国际竞争力。

（二）打造面向未来产业的新型研发机构模式

前沿技术路径不确定性突出、交叉融合性强，为此，有必要打造新型研发机构，强化颠覆性技术源头供给。例如，浙江省提出前瞻打造一批未来技术学院、未来产业技术研究院，发挥政府重大科技创新组织者作用，搭建跨学科、大协作、高强度的协同创新基础平台，完善颠覆性和非共识性研究的遴选和支持机制。宁波市提出加快引进国内外知名创新机构，前瞻打造一批未来产业技术研究院。北京市提出建立针对颠覆性技术的非共识项目筛选机制，组织各领域战略科学家进行论证遴选，对入围项目进行立项支持。成都市提出支持重大科技基础设施、国家实验室、高水平研究型大学等战略科技力量建设未来技术学院、未来产业研究院。

二、"重大需求牵引"型技术策源

相比于"原始创新驱动"型技术策源，"重大需求牵引"型技术策源是把国家、产业、企业的发展需求转变为共性技术需求，通过技术攻关开发适配需求的产品与服务。

习近平总书记强调，我国广大科技工作者要“面向世界科技前沿、面向经济主战场、面向国家重大需求、面向人民生命健康”，要“把握大势、抢占先机，直面问题、迎难而上”。当前，我国经济社会发展、民生改善、国防建设面临许多需要解决的重大现实问题。例如，农业领域的种业安全问题、工业领域的“卡脖子”技术问题、社会领域的人口老龄化问题等，均迫切需要通过技术创新给出解决方案。而在解决这些重大需求中，将会孕育催生一批拥有广阔市场空间与发展潜力的未来产业。从各地“重大需求牵引”型技术策源看，关键抓手一是“发现”需求，将产业界需求精准匹配到科研界；二是“转化”需求，提出可落地可实操的具体解决方案。

（一）聚焦重大需求，组建创新联合体技术攻关

对于全球产业界、学界达成共识的未来产业重点技术领域，其技术研发投入成本高、细分领域广、研用结合更紧密。因此，需要构建新型机制，组建“创新联合体”，组织产学研协同攻关。科学家擅长基础研究，企业家擅长把握需求、把控生产，通过将“科学家+企业家”紧密联系在一起，才能更好地发挥需求牵引作用，加速孵化可商业化转化的新技术。

各地均非常重视产学研协同技术攻关。例如，深圳市组织实施技术攻关专项，建立“企业界出题、科技界答题”新机制，按照“理技融合、研用结合”，支持龙头企业牵头组建“创新联合体”，建立“一产一策、一技一策、一企一策”工作机制。上海市提出发展创新联合体，组建一批未来产业创新中心。山西省鼓励未来产业

重点企业联合C9[1]高校、省内高校建立校企战略合作伙伴关系，共同承担国家科技重大专项、重点研发计划。沈阳市提出加强与国内外知名科研机构及企业的合作，建立以企业为主体、市场为导向、产学研深度融合的技术创新体系。宁波市支持企业牵头组建未来产业创新联合体，探索产学研协同攻关和产业链上下游联合攻关。

（二）聚焦技术堵点，推动公共技术服务共建共享

对于高速发展的未来产业而言，其技术需求是全方位、时效性强的，产业发展所遇困难既有关键技术“瓶颈”，也有工艺流程“堵点”。搭建共性技术服务平台/联盟，为未来产业企业提供全方位的技术服务，有助于未来产业“幼苗”企业茁壮成长。例如，上海市提出支持建设产业技术基础公共服务平台、行业共性技术平台，聚焦行业关键共性技术供给，采用“公司+联盟”的形式，为行业发展提供联合攻关、技术验证、样品开发和测试试验等服务。

专栏5-2　需求牵引技术创新——以合成生物产业为例[2]

2021年3月，习近平总书记指出，“以合成生物学、基因编辑、脑科学、再生医学等为代表的生命科学领域孕育新的

[1]　C9（九校联盟）：中国首个顶尖大学间的高校联盟，包括北京大学、清华大学、浙江大学、复旦大学、上海交通大学、南京大学、中国科学技术大学、哈尔滨工业大学、西安交通大学9所高校。

[2]　蒋秀娟，冯国梧.合成生物技术：2050年领跑世界[EB/OL].（2017-03-14）[2023-11-20]. http://kpzg.people.com.cn/n1/2017/0314/c404389-29143611.html.

变革”。美国国防部将合成生物列为21世纪优先发展的六大颠覆性技术之一。英国商业创新技能部将合成生物技术列为未来的八大技术之一。欧盟委员会启动的“第六框架计划”，共对18项合成生物学项目投资了逾3.2亿欧元。

合成生物是通过对天然或人工生物元器件进行设计组合，获得重构或非天然的新生命系统的技术，即有目的地设计、改造乃至重新合成生命体，能广泛应用于新药开发、疾病治疗、农业生产、物质合成、环境保护、能源供应和新材料开发等领域。在巨大需求推动下，国内合成生物技术不断进步，产业化潜力蓬勃释放。

人民健康美好生活需求牵引合成生物技术发展。通过人工合成，使那些受自然稀缺性资源制约的物质低成本、规模化生产成为可能。以透明质酸（又称玻尿酸）为例，这是存在于人体和动物组织中的一种天然直链多糖，其对于医疗、美容、保健等具有重要作用。初期受生产成本和技术难度的限制，只能少量应用在医药领域。但在巨大需求牵引下，国内技术不断提升突破，显著提高了透明质酸的生产效率，让其能够“走入寻常百姓家”，应用领域已拓展至护肤品、食品等。

传统产业绿色化转型需求推动合成生物技术发展。在“双碳”背景下，我国高质量发展需以生物合成替代化学合成，缓解对自然资源的压力。在能源领域，面对传统化石能源带来巨大的环境问题，国内产学研界加强合作，探索研发“生物燃料”这种更高效、更清洁的能源，例如，利用微生物细胞工厂将可再生能源和二氧化碳转化为燃料和化学品，有效减少二氧化碳排放、降低资源消耗。目前这项技术正处于加速产业化阶段，应用领域不断拓展。美国《生物质技术路线图》提出，2030年生物基化学品将替代25%的有机化学品和20%的石油燃料；欧盟《工业生物技术远景规划》提出，2030年生物基原料替代6%~12%的化工原料，30%~60%的精细化学品由生物基制造。

第六章　各地发展未来产业的孵化转化

党的二十大报告明确提出，推动创新链产业链资金链人才链深度融合，提高科技成果转化和产业化水平。未来产业作为前沿技术驱动的新兴领域，科技成果转化面临着风险高、周期长、难度大、熟化慢、成本高等痛点问题，需要联合政产学用金的力量，跨越基础研究和产业化之间的“死亡之谷”，让科技“顶天”，让产业“立地”。

一、多层次创新促进，构建“概念验证—中试熟化—产业加速”的服务体系

科技成果转化是促进科学技术转变为现实生产力的关键环节，要帮助企业跨越“死亡之谷”“达尔文之海”，建立高质量的创新服务体系不可或缺。需要把握未来产业的演化机制和发展特征，围绕技术可行、技术可转化、规模化商用等不同阶段构筑概念验证、

中试熟化、产业加速等差异化的服务载体。

（一）围绕技术可行性，搭建概念验证平台

技术处于概念期的时候，需要重点验证其可行性。美国20年前就提出并实践了“概念验证中心”的模式，以更好实现科研机构研发成果与市场和产业的对接，因此也被称为科技成果转化的“最初一公里”。概念验证中心是依托具备基础研究能力的高等院校、科研机构和企业，聚集科技成果、人才、资本和市场等转化要素，营造概念验证生态、加速挖掘和释放基础研究成果价值的新型载体。

近年来，概念验证中心的建设在全国范围内呈升温之势，各地围绕概念验证平台建设、概念验证项目支持、概念验证基金设立等方面展开布局（见表6-1），争取赢得科技创新成果转化的先机。例如，杭州市提出将打造全国首个科技成果“概念验证之都”的目标，要构建科技成果评估、转化、投融资、商业化开发等国内领先的概念验证服务体系，支持和培育300个以上早期项目从实验室走向市场，汇聚3000名以上专业技术转移人才。截至2023年，已经推出了15家概念验证中心，覆盖了智能物联、生物医药、高端装备、新材料、绿色能源五大产业生态圈。深圳市提出对符合条件的概念验证中心采取“先建设、后认定”的方式进行事后资助，每年在科技研发资金中安排经费，择优进行认定资助和评估资助。建立概念验证项目库，入库项目数量不少于5个，鼓励获得国家、省和市科技计划资金立项并通过验收的基础研究项目优先进入概念验证项目库。广州市提出鼓励高等院校、科研

机构、医疗卫生机构、社会组织、社会资本筹资设立概念验证基金，资助科技成果进行概念验证。西安市发挥西安交通大学牵引作用，依托国家技术转移中心成立全国高校首个“概念验证中心”，并成立专注于生物及环保、新材料等方向的微种子概念验证基金。

表6-1　各地概念验证中心建设具体举措

地区	概念验证中心建设行动
北京市	北京市科学技术委员会、中关村科技园管理委员会于2023年投入首批概念验证平台支持资金近5000万元，支持中央在京及市属高校院所、医疗卫生机构、企业建设12家概念验证平台，平台聚焦智能装备、医药健康、新材料、新一代信息技术四大产业领域
天津市	2023年7月，天津市天开西青园引入三家概念验证机构，帮助落户项目加快转化。天开西青园还将拿出2亿元，吸引社会资本成立一只专门基金，吸引更多概念验证平台落户天开西青园
苏州市	2023年，苏州市高新技术开发区在全省率先成立8家概念验证中心。此批概念验证中心落地苏州市高新技术开发区太湖科学城，依托区域内苏州半导体激光研究院、中国科学院苏州生物医学工程技术研究所、清华苏州创新环境院等8家大院大所、龙头企业成立
杭州市	2022年，杭州市授牌了首批15家概念验证中心，覆盖智能物联、生物医药、高端装备、新材料、绿色能源五大产业。此外，杭州市还将设立总规模50亿元的科技成果转化基金，加快科技成果转化和概念验证工作。2023年，杭州市余杭区成立概念验证中心发展联盟
合肥市	2023年3月，合肥市对首批5家科技成果概念验证中心单位代表进行授牌
淄博市	2022年8月，淄博产业技术研究院概念验证中心揭牌，该概念验证中心由淄博产业技术研究院建设，具备自主实体研发、成果验证能力

续表

地区	概念验证中心建设行动
武汉市	2023年4月，湖北省首家概念验证中心——华中科技大学科技园喻越概念验证中心成功揭牌，该中心为华中科技大学科技园与华中科技大学医疗装备科学与工程研究院、湖北技术交易所、湖北省科技经济融合学会四方联合共建
深圳市	根据《深圳市科技创新委员会关于2023年度深圳市概念验证中心和中小试基地认定资助项目拟资助的公示》，深圳市清华大学深圳国际研究生院概念验证中心等10家概念验证中心被纳入深圳市概念验证中心认定资助范围
成都市	2021年9月，四川省电子信息概念验证中心揭牌，由成都市双流区与四川省科技协同创新促进会联合共建，是西南地区首个专业形态技术概念验证平台
兰州市	2022年9月，甘肃省首家科技成果转化概念验证中心在兰州市揭牌

专栏6-1 浙江大学概念验证中心[1]

2022年10月，浙江大学启真创新概念验证中心成立，在生命健康、新材料、新一代信息技术、高端装备与制造、新能源、智慧海洋等战略性新兴领域，系统性推进科技成果从“实验线”走向“生产线”。

多主体协同推进成果转化。启真创新概念验证中心依托浙

[1] 梁应杰.杭州要大力发展的概念验证中心究竟是什么？[EB/OL].（2023-03-01）[2023-11-20]. https://mp.weixin.qq.com/s?src=11&timestamp=1704333376&ver=4997&signature=jrEouvbP6CKXnkz04VpVl0VABKhZKaREG3ow9fsFNzhfRCsZc8SayyFU-IetoY17Vuh5GHrsAY570xIJH1BHtbzw1LXxmSW1eMYAtZkOwUDXMHdFyyOsXP9lXPtuv7di&new=1.

江大学前瞻性、颠覆性、战略性技术创新，推动从技术到产品再到商品的转化。运作模式是由浙江大学的各个技术研究院、实验室负责提供科技创新和科研成果，由启真创新概念验证中心进行筛选、验证，提供验证资金，帮助生产样品，成熟到一定阶段后再由浙江大学控股集团进行培育孵化、产业投资。

多维度开展项目筛选验证。启真创新概念验证中心进行项目筛选的维度有很多，包括技术落地快不快，和产业结合后规模大不大，应用在产业链的什么位置，会不会在技术上被“卡脖子”，可替代性强不强等。以某项新材料的概念验证为例，启真创新概念验证中心首先进行筛选，得出一系列结论，如优势为强度更高、质量更轻，应用于产业链的上游，生产工艺不涉及国外知识产权，等等；验证阶段，明确了该材料可用于生产防弹衣、鱼线、缆绳；最后概念验证中心协助进行产业落地，找到合适的注册地、确认股权架构、物色生产线、完成首轮融资等。通过概念验证中心的作用，各个创新主体从想法到样品的“从0到1”的过程将加速突破，更多优质的科技成果将转化落地。

（二）围绕技术可转化，搭建中试熟化平台

概念验证通常聚焦“是否可行、是否可以做出来”，中试熟化则是聚焦“能否产品化、能否规模化”，中试熟化相比概念验证，在科技创新的链条上处于更靠后的位置。中试熟化平台是依托具有

行业优势和公共服务功能的高等院校、科研机构和龙头企业，围绕行业内企业产品开发工艺可行性、稳定性和安全性验证需求，提供科研成果的二次开发、工艺验证和中试熟化等中小试验证服务的开放型载体，主要目的是打通从成果到样品、产品的通道，加速科技产品的熟化与科技成果的转化，促进产业链创新链深度融合。

近年来，国内各省市纷纷出台政策支持中试平台建设，在帮助科技成果转化跨越“死亡之谷”的同时，加速提升产业能级，孵化未来产业。例如，成都市高新技术开发区启动实施中试跨越行动计划，提出“建成具有全国影响力的科技成果中试首选地”发展目标，未来将聚焦先进陶瓷材料等十大方向，加快推动各类中试平台在该区广泛布局，打造“中试+”科技成果转化创新生态。武汉市提出“打造支撑中部、辐射全国的中试服务高地”按照“备案一批促开放、培育一批提功能、新建一批强支撑、认定一批优服务”的总体思路，加快推进以中试平台为主的科技成果转化公共服务平台体系化建设。2023年计划新增备案50个、提升功能20个、重点新建10个市级中试平台。

专栏6-2　成都市高新技术开发区：全国首个“中试+”生态园区[1]

2023年3月，成都市高新技术开发区提出“中试+”生

[1] 刘泽治，陈科.成都高新区：构建五位一体“中试+”创新生态 打造百万平米中试载体[EB/OL].（2023-03-07）[2023-11-20]. http://www.stdaily.com/index/kejixinwen/202303/2f8309171b2b474d8a925324c217edae.shtml.

态理念，要在国内率先打造百万平方米中试载体园区和基地，全力打造“中试+”科技成果转化创新生态，推动更多科技成果从“实验室”走向“生产线”，力争早日建成具有全国影响力的“科技成果中试首选地”。

打造科技成果转化新样板

中试作为科研成果实验室“小试”和产业化发展之间承上启下的环节，一端连着创新，另一端连着产业，是推进科技成果产业化的“转化器”，衔接上下游产业链的“连接器”。成都市高新技术开发区提出以中试为核心，辐射链接成果转化的各重要组成单位，构建“技术研发+中试平台+专业孵化+天使基金+应用场景”五位一体的创新生态，推动科技成果转化有力有效。

“中试+”生态包含高校院所、中试平台、专业孵化器、天使基金、龙头企业五大主体。其中，高校院所作为技术研发方，将提供原创性科技成果供给，中试平台将承接高校院所的优质科技成果并推动成果转化，专业孵化器和天使基金将为成果的后续转化提供一站式孵化及投融资服务，龙头企业将为成果的最终产业化提供应用场景。

打造产业培育发展新动力

中试平台不仅能聚集人才和项目，帮助科技成果转化跨越“死亡之谷”，更能赋能产业，提升现有产业能级，孵化未来产业。2023年1月，成都市高新技术开发区启动中试跨越行动计划，同年3月，该区首个“中试+”生态园区揭牌，2023年规划载体总面积将达到100余万平方米，形成资源集聚的平台优势。围绕电子信息、数字经济和生物医药等主导产业，成都市高新技术开发区已认定生物治疗等中试平台21家。为形成基金赋能的资本优势，成都市高新技术开发区还将设立50亿元的国内首只中试平台建设基金，聚焦智能传感芯片、先进陶瓷材料等十大方向，助推各类中试平台布局。未来5年内，成都市高新技术开发区的将新建20个中试平台，服务1000个中试项目，实现200个创新产品上市。

（三）围绕规模化商用，搭建产业加速平台

在技术已经得到有效验证、产品已经打磨成熟的情况下，需要加快推动产业化、规模化的发挥发展。在这个阶段，各类产业加速平台将成为重要“催化”载体，能够帮助企业迅速地匹配产业链上下游资源，并提供高效低成本的供应链、人才、金融、财税、咨询等一体化服务，通过产业发展集群化、企业需求规模化、平台设施共享化、要素资源流动化，快速形成企业经营和产业壮大的规模效应。对地方政府而言，产业加速平台也意味着能够加速孵化培育新动能，通过产业政策、招商、服务等资源合力，实现建链强链补链延链，在区域产业竞争中更有竞争力。

各地积极推进高品质产业园区建设，提升园区的产业加速功能，强化高端产业引领功能，不断提升城市能级和核心竞争力。

例如，上海市提出加快特色产业园区建设，聚焦集成电路、人工智能、生物医药、航空航天、新材料、智能制造等产业加快引进行业领军企业、吸引产业链相关企业。并提出要在园区服务方面“放大特斯拉综合效应”，进一步优化审批服务，加快项目落地，让“特斯拉速度”成为“上海速度”常态。广州市将试点建设生物医药与新型移动出行未来产业科技园，将深度协同广州汽车集团股份有限公司、广州医药集团有限公司两家领军企业，重点围绕生物医药与新型移动出行两个未来产业领域，集聚一批前沿颠覆性技术高端科技领军人才和创新团队，培育孵化一批细分领域领先高新技术企业。部分省市布局建设未来产业先导区情况见表6–2。

表6–2　部分省市布局建设未来产业先导区情况

地区	时间	政策文件	布局建设
北京市	2023年9月	《北京市促进未来产业创新发展实施方案》	建设若干未来产业先导试验区，积极打造世界领先的未来产业创新发展示范基地
山西省	2021年6月	《山西省“十四五”未来产业发展规划》	建设未来产业创新发展的先行区、示范区和引领区
上海市	2022年9月	《上海打造未来产业创新高地 发展壮大未来产业集群行动方案》	做强未来产业集群发展的未来引擎。打造5个未来产业集群，建设15个左右未来产业先导区

续表

地区	时间	政策文件	布局建设
上海市	2023年2月	《推进“大零号湾”科技创新策源功能区建设方案》（上海市已举行首批未来产业先导区授牌仪式，分别是张江、临港和大零号湾3家）	围绕未来智能、未来能源、未来空间等，打造未来产业创新高地，发展壮大前沿产业集群，构建未来产业先导区
浙江省	2022年1月	《关于浙江省未来产业先导区建设的指导意见》	到2025年，全省要打造30个左右特色鲜明、引领发展的未来产业先导区
山东省	2023年7月	《实施先进制造业“2023突破提升年”工作方案的通知》	支持济南市、青岛市打造未来产业先导区
济南市	2022年4月	《济南市“十四五”战略性新兴产业发展规划》	率先打造未来产业先导区
深圳市	2022年12月	《深圳市培育发展未来产业行动计划（2022—2025年）》	以光明科学城、河套深港科技创新合作区、前海深港现代服务业合作区、西丽湖国际科教城、东部滨海国际生物谷、红岭新兴金融产业带和深圳国家高新区南山园区、坪山园区、宝安园区、龙岗园区、龙华园区作为未来产业“6+5”核心承载区

二、多元化应用场景，开创专业化、市场化、生态化的创新发展路径

培育未来产业，需要找到应用场景，帮助新技术、新产品落地。场景驱动是以新技术的创造性应用为导向，以供需联动为路径，实现新技术迭代升级和产业快速增长的过程。“实践是检验真理的唯一标准。”从前沿技术转化为未来产业必须在真实的应用中“打磨”“试炼”。

（一）强化公共场景开放

未来产业发展需要重大项目的场景开放。一个知名度广、适用性强的场景既是推动技术成果更加完善的“试炼场”，也能成为企业产品品牌的“金字招牌”，为新技术、新产品向全国乃至全球市场加速突围注入更强动力。

先进地区不断推动公共场景开放，为企业打开更大的发展空间。例如，上海市着力打造应用场景开放高地，面向全球“揭榜挂帅”，集聚一批拥有先进技术和成果的创新型企业，打造未来社区、未来医院、未来工厂、未来商业等综合性场景。浙江省加大医疗服务、智能交通、城市安全、智能电网等真实应用测试空间开放力度。宁波市开放了智慧港口、智能制造、道路交通等六大领域应用场景，鼓励团队“以场为轴”开展创新研究，开放的场景名单中涵盖了杭甬高速复线、灵峰现代产业园等重量级“试验场”。在项目推进阶段，这些场景将帮助新技术、新产品获取产业化推广的关

键数据和技术标准，为产业化、商品化“开路”。青岛市探索“场景实验室”新模式，通过深入挖掘城市场景资源，为有场景开放需求的企业精准匹配场景资源，提供验证产品技术成熟度和商业模式的平台，推动实现城市级应用，并将市场和资本的力量引入实验室培育中，有效支持企业科技成果走向商业化、产业化。

（二）强化场景供需匹配

各地围绕科技创新、产业发展、城市建设等方面，积极开展场景挖掘、主题策划、清单发布、路演对接、推广服务全流程的场景建设服务，搭建场景供需平台，推动多元主体开放合作。如合肥市率先成立全国首个城市场景促进机构——合肥市场景创新促进中心，截至2022年底，合肥市场景创新促进中心已累计服务企业超500家，挖掘场景需求超400个，发布市级场景清单170项，举办路演对接活动50多场。成都市围绕美好生活、智能生产、宜居生态、智慧治理四位一体的城市场景体系，目前已集中发布9批次城市机会清单，累计评选13个创新应用实验室、16个城市未来场景实验室，实施“十百千”场景示范工程，打造9个应用场景示范区、89个示范应用场景。

（三）加强场景宣传推广

通过多种活动的举办引发社会关注度、激发企业创新应用热情。例如，山西省提出，要创建未来产业展示场景。在云计算与区块链产业、量子产业、虚拟现实产业、生命科学产业等重点领域，选取一批前沿性、可演示、互动性较强的科技创新成果，建设全省未来产业“黑科技”展演展示中心，展示宣传最新科技创新成果。南京市经济技术开发区通过举办应用场景发布会、发布优秀应用场景案例，为区内企业推广新技术新产品搭好平台。

专栏6-3 合肥市成立“场景创新促进中心”，全力打造“全域场景创新之城”[1]

合肥市率先成立全国首个城市场景促进机构——合肥市场景创新促进中心，以“场景”为切口推动多元主体开放合作，开启了专业化、市场化、生态化的场景创新路径，加快推进全领域、全市域、全流程场景创新，致力打造“全域场景创新之城”。

创造“新机会”，以“场景清单”加快供需匹配。合肥市面向市直相关部门、各县（市）区、开发区、重点企业、科研院所等，分别征集场景机会和能力清单，为技术找场景、为场景找技术。场景开放机会征集范围包括企业生产升级场景、城市建管提升场景和社会民生智慧场景。在场景能力供给的征集中，能攻克科研创新短板瓶颈、服务企业重大共性需求、提升城市治理现代化水平、解决群众关注的痛点难点堵点问题的企业均可报名参与。

[1] 许根宏，许蓓蓓，丰静.全力打造“全域场景创新之城”[EB/OL].（2022-10-16）[2023-11-20]. https://www.ah.gov.cn/zwyw/jryw/554175461.html.

构筑“新链接”，以全域全程场景对接实现资源统筹。合肥市统筹全市场景资源，全面开放企业生产、城市建管、社会民生等领域场景，链接高校院所、创新企业、投资机构等多方主体，实现了“天天有推介、周周有对接、月月有路演、季季有活动”。推进全领域、全市域、全流程场景创新，打造共建共享共创的场景创新生态，努力让合肥市成为更多新技术新产品的试验场、首用地。

截至2022年底，合肥市场景创新促进中心已促成意向合作70多项，从而加速了科技成果迭代和应用、企业成长、城市治理水平提升。

三、多类型主体培育，构建大中小企业融通发展的梯队格局

各类经营主体是实体经济运行的微观基础，是产业转型升级的主导力量。未来产业的发展必须培育好、发展好、规范好各类经营主体，强化企业在未来产业发展中的创新主体地位，加快形成“头雁”引领、梯队协同、链群互动的产业集群发展格局。

（一）培育未来产业“头雁”企业

群雁高飞头雁领，一个“头雁”企业，能带动一个产业集群实现整体跃升。“头雁”企业能够在产业生态构建中发挥引领作用，

形成“头雁+生态圈”的区域产业发展格局。未来产业的“头雁”企业，能够在两个方面发挥引领作用。一方面，引领产业链补链延链强链，以自身发展吸引配套产业企业落地，在重大项目、重大工程建设中有效带动整个配套产业链，包括零部件、材料、软件、控制器件及芯片等发展，为众多创新型中小企业提供市场和舞台，并构建更具竞争力的区域产业分工协作网络。另一方面，能够引领优化创新生态，牵头设立创新联合体，开展产业链关键共性技术协同研发，补齐一批技术短板，带动优势产业链整体升级，并带动产业链中小企业参与联合创新活动，打造“头雁企业+中小微企业”的创新生态网络，推动产业链上下游、大中小企业协同创新。

例如，厦门市启动“未来产业培育工程”，围绕柔性电子、新型显示、第三代半导体、新一代人工智能、集成电路、高端装备、先进功能材料以及生命健康等未来产业发展方向，遴选一批产品竞争力强、发展前景好、综合实力强的行业示范性企业作为“未来产业骨干企业”，给予项目倾斜、金融扶持等支持措施，以推动未来产业迅速形成气候、找到亮点和发力点。河南省提出要围绕统筹推进新兴产业重点培育、未来产业谋篇布局，加快资源整合，健全培育机制，着力形成一批引领产业基础高级化、产业链现代化和带动“五链”深度耦合的“头雁”企业。此外，河南省还提出了“头雁”企业“带动能力更强”的发展目标。到2025年，“头雁”企业规模能级要显著提升，力争新增千亿级企业2~3家、百亿级企业20家左右、10亿级新兴企业100家以上，带动5000家以上专精特新中小企业融通发展，形成一批万亿级和千亿级产业集群、现代化产业链，群链主导力显著提升。

（二）孵化未来产业"新星"企业

党的二十大报告强调，"实施产业基础再造工程和重大技术装备攻关工程，支持专精特新企业发展"。充满活力的创新型中小企业是我国经济韧性的重要保障，也是未来产业培育中的"新星"。

中小企业是创新的生力军、强链补链的关键所在。以深圳市为例，截至2023年3月，深圳市中小企业超过240万家，占全市企业总数的99%。全市70%以上的授权发明专利、80%以上的国家高新技术企业、90%以上的研发投入来自中小企业。"小企业"汇聚形成"大创新"，创新型中小企业凭借持续的技术、品牌和模式等创新能力，成为我国技术创新重要主体和高质量发展生力军，在未来产业中将发挥不可或缺的作用。专精特新中小企业是以"专注"铸"专长"，能为大企业、大项目提供关键零部件、元器件和配套产品，具有"小配件蕴含高技术""小企业支撑大配套""小产业干成大事业"等特点，这对于推进补链延链优链强链、增强产业链韧性具有重要意义。据工业和信息化部数据，我国专精特新"小巨人"企业超过60%属于工业基础领域，超过70%深耕细分领域10年以上，涌现出一批在核心基础零部件和元器件、先进基础工艺、关键基础材料、工业软件、产业技术基础"五基"领域"补短板""填空白"的企业，推动产业链更加安全可控。

从地方实践来看，在创新型中小企业中培育扶持一批未来产业"新星"企业也成为一大政策重点。例如，深圳市在未来产业的相关政策文件中提出，实施培育壮大经营主体“30条”，推进“个转企”“小升规”“规做精”“优上市”，实施企业上市发展“星耀鹏城”计划，培育壮大国家高新技术企业，打造一批国家级专精特新“小巨人”企业，大力培育“独角兽”企业。上海市提出未来伙伴“携手计划”，要引进培育一批创新型企业，发布硬核科技百强榜单，形成一批在细分领域引领的“未来之星”。依托“浦江之星”计划，构建“科学家+企业家+投资家”整合的项目挖掘与甄别机制。浙江省提出，鼓励未来产业领域创新创业，强化商业模式创新和市场培育，积极引导未来产业中的专精特新中小企业成长为国内领先的“小巨人”企业。探索开展产业培育“赛马制”，利用市场竞争机制筛选重点领域最具竞争力的技术、产品和企业予以支持。建立企业精准挖掘机制，主动发掘和培育未来产业领域高技术、高成长、高价值企业。

第七章　各地发展未来产业的资金投入

未来产业孵化培育的长周期、高风险、突出的战略性地位决定其更需要有“耐心资本”支持，更需要“投早投小投硬科技”，加快形成未来产业从基础研发、小试中试到产业化不同阶段的差异化资金支持机制。未来产业的技术创新不仅为技术研发者个人、所在企业等微观经营主体带来经济利益，还具有较强的社会性和外部性，因此更需要政府“带头投”，需要政府投资或政府引导投资来促进具有正外部性的未来产业技术创新。此外，培育未来产业离不开市场“放心投”，尤其需要各类风险投资、天使投资、股权投资等提前入场投入，强化未来产业资金保障。在中央的支持鼓励下，各地积极探索适应自身发展的投融资实践路径，根据投资主体不同，可以分为政府领投、金融机构加持、社会资本支持三种模式。

一、政府领投，提振发展未来产业的市场信心

由政府主导设立支持未来产业发展的专项产业基金，出台税收

优惠、资金扶持、知识产权保护等方面政策引导社会资本投向未来产业，为未来产业领域的科创企业提供风险投资和创业支持，加强对未来产业领域的科技研发和人才培养支持，提高行业的技术水平和人才素质。通过税收优惠、减免相关费用、提供补贴等措施鼓励科技创新主体在未来产业领域增加资金投入。政府主导未来产业投资模式见表7–1。

表7–1　政府主导未来产业投资模式

模式	简介	代表性实践
产业基金	设立产业投资基金、股权投资基金、科技创新基金、科技成果转化引导基金，重点投入未来产业的关键核心技术攻关、重大产业化、研发费用补助、高端创新人才（团队）引进培育、研发机构建设等	上海市设立上海市创业投资引导基金、上海自贸区基金、浦东引领区产业发展基金、临港新片区科创基金、临港科创投、上海紫竹小苗基金等助推企业发展
奖补措施	为有发展潜力的未来产业企业提供一次性资金奖励，帮助企业在创新、技术升级等方面加快发展，引导企业在发展方向、技术方向等方面符合未来产业发展趋势，增强产业竞争力	台州市对列入省“未来工厂”名单的企业，给予一次性500万元奖励。对列入省“未来工厂”培育名单的企业，给予一次性100万元奖励。对列入省“未来工厂”名单、培育名单的企业，分别按其项目当年实际投资额的20%、15%，最高不超过2000万元、1000万元予以补助[1]

[1]　台州市人民政府办公室.台州市人民政府办公室关于印发台州市加快推进制造业高质量发展若干政策（新智造篇）的通知[EB/OL].（2021–11–30）[2023–10–10]. https://www.zjtz.gov.cn/art/2021/11/30/art_1229564401_1661272.html.

续表

模式	简介	代表性实践
税费减免	采取研发费用税前加计扣除、减免所得税、减免增值税、固定资产加速折旧等优惠政策减免未来产业企业税费	北京市中关村国家自主创新示范区对符合条件的公司型创业投资企业，转让持有3年以上股权所得，超过年度股权转让所得总额50%的，可以减半征收企业所得税；转让持有5年以上股权所得，超过年度股权转让所得总额50%的，可以免征企业所得税[1]
组建国有资本平台	对国有资本营运机构进行重组整合	合肥市对国有资本营运机构进行重组整合，组建三大国有资本投融资平台

专栏7-1　合肥市创新产业投融资模式[2]

完善政府资金投入方式。为更好发挥政府资金对产业发展的引导作用，合肥市整合各类政府资金，在投入方式上作出重大调整。一是将之前“撒胡椒面”式的资金投入方式，转为加大对重点产业领域和重点产业项目的投资。二是大幅压减事后奖补等无偿投入，新增基金投入、“借转补”投入、

[1] 政务服务中心.中关村国家自主创新示范区公司型创业投资企业有关企业所得税试点政策[EB/OL].（2023-04-06）[2023-10-10]. https://kfqgw.beijing.gov.cn/zwgkkfq/ztzl/lqztkfq/lqzc/csly/202304/t20230406_2991109.html.

[2] 刘琳娜，王泽中.合肥产业投融资模式的基本情况、主要启示及工作建议[EB/OL].（2022-10-08）[2023-11-20]. https://www.sohu.com/a/590997746_121123903.

财政金融产品投入3种市场化有偿投入方式。新的投入方式，更好解决了企业在项目前期和中期面临的资金紧张问题，更好实现了“拨款变投资、资金变基金”的市场化投融资方式，有限的政府资金也更加聚焦优势主导产业、战略性新兴产业和未来产业发展。

组建专业化国有资本平台。合肥市对国有资本营运机构进行重组整合，组建三大国有资本投融资平台：一是合肥建设投资控股（集团）有限公司，重点投向新能源汽车、现代旅游、交通等；二是合肥市产业投资控股（集团）有限公司，专注引领产业高质量发展；三是合肥兴泰金融控股（集团）有限公司，打造地方金融控股平台。同时，出台或修订投融资、担保、产权交易等40余项制度，规范企业经营行为。例如，针对国有企业特别是平台公司债务风险压力较大的情况，合肥市国资委以全面预算管理为抓手，对企业资产负债率及负债预算水平进行压降调控；通过发行企业债、中期票据等方式降低融资成本，多渠道增加资本金投入，改善资产负债结构，确保企业资金链安全。

二、金融机构加持，推进发展未来产业的融资工具创新

自2017年起，京津冀、上海、广东（珠三角）、安徽（合芜蚌）、四川（成德绵）、湖北武汉、陕西西安、辽宁沈阳等8个区域

部署开展全面创新改革试验，中央批准推广三批支持创新相关的改革举措，多条举措和科技金融创新直接相关，其中，有6项与创新质押、增信、担保、风控等创新面向未来产业的金融产品相关，2项与完善未来产业金融基础条件建设相关，4项与优化服务未来产业的金融机构经营模式相关，3项与促进未来产业发展的金融体制机制创新相关（见表7–2）。

表7–2　面向未来产业的科技金融创新改革试验举措

<table>
<tr><th>类别</th><th>举措</th><th>主要内容</th><th>政策文件</th></tr>
<tr><td rowspan="3">创新面向未来产业的金融产品</td><td>提供以关联企业从产业链核心龙头企业获得的应收账款为质押的融资服务</td><td>以从核心龙头企业获得的应收账款作为质押，为关联产业链大企业、供应商中小微企业提供融资服务</td><td rowspan="2">《国务院办公厅关于推广支持创新相关改革举措的通知》（国办发〔2017〕80号）</td></tr>
<tr><td>提供贷款、保险、财政风险补偿捆绑的专利权质押融资服务</td><td>金融机构、地方政府等依法按市场化方式自主选择建立“贷款+保险保障+财政风险补偿”的专利权质押融资新模式，为中小企业专利贷款提供保证保险服务</td></tr>
<tr><td>建立以协商估值、坏账分担为核心的中小企业商标质押贷款模式</td><td>简化质押登记流程，建立商标质物处置机制，通过贷款贴息等方式，开展商标权质押贷款等无形资产质押融资，拓展中小企业融资途径</td><td>《国务院办公厅关于推广第二批支持创新相关改革举措的通知》（国办发〔2018〕126号）</td></tr>
</table>

续表

类别	举措	主要内容	政策文件
创新面向未来产业的金融产品	政银保联动授信担保，提供科技型中小企业长期集合信贷机制	政府集中遴选科技型中小企业并建立银行贷款风险分担机制，担保公司集中提供担保，银行发放长期贷款，地方财政视财力情况给予担保公司适当补偿，形成“统一管理、统一授信、统一担保、分别负债”的信贷新机制	《国务院办公厅关于推广第三批支持创新相关改革举措的通知》（国办发〔2020〕3号）
	建立以企业创新能力为核心指标的科技型中小企业融资评价体系	建立科技型企业信贷审批授权专属流程、信用评价模型和“技术流”专属评价体系，将科技创新企业创新能力作为核心指标，拓展科技型中小企业的融资渠道	
	设立银行与企业风险共担的仪器设备信用贷	地方政府引导设立科学仪器共享平台，推荐科技型中小企业向银行申请用于定向购置仪器设备的信用贷款。平台通过与企业签订仪器设备抵押合同获得优先处置权，出现风险后对仪器设备进行市场化处置	
完善未来产业金融基础条件建设	提供面向中小企业的一站式投融资信息服务	构建物理载体和信息载体，通过政府引导、民间参与、市场化运作，搭建债权融资服务、股权融资服务、增值服务三大信息服务体系，加强科技与金融融合，为中小企业提供全方位、一站式投融资信息服务	《国务院办公厅关于推广支持创新相关改革举措的通知》（国办发〔2017〕80号）

续表

类别	举措	主要内容	政策文件
完善未来产业金融基础条件建设	建立基于大数据分析的“银行+征信+担保”的中小企业信用贷款新模式	通过比选引进高水平的征信机构和信用评级机构，建立企业信用风险分析数据库，与政务信息大数据库实现互联，利用大数据分析技术，对企业评级更精准和高效，为银行提供准确信用信息	《国务院办公厅关于推广第三批支持创新相关改革举措的通知》（国办发〔2020〕3号）
优化服务未来产业的金融机构经营模式	提供基于“六专机制”的科技型企业全生命周期金融综合服务	银行完善以专用风险管理制度和技术手段、专项激励考核机制和专属客户信贷标准为核心的科技金融风险防控机制，试点银行建立专营组织架构体系、专业经营管理团队和专门管理信息系统。面向科技型企业推出远期共赢利息、知识产权质押等多种专属信贷产品，为轻资产、未盈利科技型企业提供有效的金融服务	《国务院办公厅关于推广第二批支持创新相关改革举措的通知》（国办发〔2018〕126号）
	在区域性股权市场设置科技创新专板	根据科技型中小企业的特点，在区域性股权市场推出“科技创新板”，提供挂牌展示、托管交易、投融资服务、培训辅导等服务，开拓融资渠道，缓解科技型中小企业融资难问题	
	推动建立政府股权基金投向种子期、初创期企业的容错机制	针对地方股权基金中的种子基金、风险投资基金设置不同比例的容错率，推动种子基金、风险投资基金投资企业发展早期	

续表

类别	举措	主要内容	政策文件
优化服务未来产业的金融机构经营模式	银行与专业投资机构建立市场化长期性合作机制支持科技创新型企业	银行在依法合规、风险可控的前提下，与专业投资机构、信托等非银行金融机构合作，运用“贷款+外部直接投资”或“贷款+远期权益”等模式开展业务，支持科技创新型企业发展	《国务院办公厅关于推广第三批支持创新相关改革举措的通知》（国办发〔2020〕3号）
促进未来产业发展的金融体制机制创新	创新创业团队回购地方政府产业投资基金所持股权的机制	地方政府产业投资基金在参股高层次创新创业团队所办企业时，约定在一定时期内，创新创业团队可按照投资本金和同期商业贷款利息回购股权，激发创新创业积极性	《国务院办公厅关于推广第二批支持创新相关改革举措的通知》（国办发〔2018〕126号）
	建立科技创新券跨区域“通用通兑”政策协同机制	推动财政支持创新的跨行政区域联动机制通过统一服务机构登记标准、放宽服务机构注册地限制，实现企业异地采购科技服务	《国务院办公厅关于推广第三批支持创新相关改革举措的通知》（国办发〔2020〕3号）
	建立银行跟贷支持科技型中小企业的风险缓释资金池	政府适当出资与社会资本共同设立一定额度的外部投贷联动风险缓释资金池，在试点银行对投资机构支持的科创企业发放贷款出现风险时，给予一定比例本金代偿，建立投贷联动新机制	

专栏7-2　全国首个认股权综合服务试点落地北京[1]

2022年11月17日，北京市金融监管局发布消息，近日中国证监会正式批复同意，在北京市区域性股权市场开展并启动认股权登记和转让综合服务（简称认股权综合服务）试点，这也是该项综合服务在全国的首个试点。试点将通过服务模式和产品创新，探索破解早期科创企业融资难题，进一步拓宽科创企业的融资渠道。

认股权拓宽科创企业融资渠道

根据批复，北京股权交易中心将依托区域性股权市场，作为法定私募证券交易场所的功能定位和基础设施，依法合规、积极稳妥建设认股权的确权、登记、托管、结算、估值、转让、行权等一系列综合服务的试点平台。北京市金融监管局表示，试点将着力畅通认股权全生命周期的良性循环，更好地解决科创企业融资难、融资贵问题。

所谓认股权，简单来说，就是一种选择权。比如一家科创企业拿到投资机构资金的同时，要按约定给投资机构一个选择权，即在未来某一时期，投资机构可行使该选择权，认购企业一定数量或金额的股权。

企业投身科技创新尤其是早期科创，成长空间巨大，但同时也面临更高风险。通过认股权，科创企业出让部分未来

[1]　孙杰.破解科创企业融资难题 全国首个认股权综合服务试点落地北京[EB/OL].（2022-04-06）[2023-11-20]. https://www.gov.cn/xinwen/2022-11/28/content_5729258.htm..

可能的股权溢价，从而获得“友好资本”的资金支持，可以更加顺利地跨越创业初期融资难关。对投资机构而言，拿到认股权就可以在企业未来进行股权融资时，行权成为企业股东，或将认股权转让给第三方变现。投资机构拿到认股权，就相当于持有了一个风险“缓冲垫”。

近年来，一批金融机构、私募基金、地方金融组织纷纷探索使用认股权这一金融工具，进行投贷联动、股债联动试点。认股权已逐渐成为科创型中小微企业拓宽外部股权融资的有效方式之一，也是吸引各类社会资本向更多初创期、成长期科创企业提供融资支持的重要金融工具。

综合服务试点激活投贷联动

不过，国内认股权仍面临着缺制度、缺平台、缺生态等诸多发展“痛点”，直接影响着金融服务科创的效果。以认股权业务份额最大的商业银行为例，目前全国约90%的银行都在尝试投贷联动支持企业科创，具体形式就是“认股权+贷款”。但投贷联动也面临一大难题，即“贷”容易，“投”很难，银行轻易不敢认购股权。如果没有二级市场，认股权都积压着无法变现，最终也就让投贷联动失去了联动意义。

“认股权综合服务试点最重要的意义，就是要解决科技金融的一大痛点。”北京股权交易中心负责人表示，在北京“两区”建设和中关村新一轮先行先试改革的政策框架下，北京率先开展认股权综合服务试点，对规范认股权业务发展，支持以投贷联动、股债联动为核心的科创金融服务模式和产品创新，破解早期科创企业融资难题，都具有重要的“破冰”意义。

三、社会资本支持，引流发展未来产业的资金活水

社会资本支持是发展未来产业投融资模式的重要组成部分。根据不同发展阶段的产业需求，社会资本可做好市场的调节，形成合作竞争的投融资机制。种子阶段对于未来产业领域高新技术企业来讲是重大的挑战期，会面临一定的技术难题和风险，此时就需要通过风险投资机构来实现对金融的大力支持，并做好相关资金的注入，同时帮助企业进行咨询管理，目的是让高新技术企业得到更加全面的发展。高新技术企业在创业阶段具有高风险性和高盈利性，风险投资机构应注重对高新技术企业的融资担保，以降低银行的贷款风险。社会资本投资未来产业模式见表7–3。

表7–3　社会资本投资未来产业模式

模式简介	代表性实践案例
支持设立天使投资、创业投资和产业投资等各类基金	上海科创集团以“投贷孵保引合”为特色，通过市场化、专业化、品牌化、规模化运作，参股创投基金162家，截至2023年7月，参股基金投资项目2000余家，投资培育上市企业近200家，其中科创板上市企业98家（占科创板上市总数的17%）[1]，科技金融累计服务科创企业12000余家

[1] 今日热点网.掌管超1300亿，上海科创集团助科技创业者“惊险一跃”[EB/OL].（2023–09–11）[2023–11–20]. http://life.3news.cn/ttly/2023/0911/1045758.html.

续表

模式简介	代表性实践案例
支持设立天使投资、创业投资和产业投资等各类基金	杭州市围绕智能物联、生物医药、高端装备、新材料和绿色低碳等五大产业链积极打造创新基金集群，杭州创新基金2022年新增规模300亿元[1]
引导社保基金、保险资金和银行理财资金等长期资本加大对未来产业创投基金的资金投入。对基金投资效果较好的，给予出资方适当风险补贴支持	社保基金会通过设立专项基金，支持中关村开展新一轮先行先试改革，重点支持科创企业开展关键核心技术攻关[2]

专栏7-3　杭州发力打造“千亿级”创新基金集群[3]

杭州围绕智能物联、生物医药、高端装备、新材料和绿色低碳等五大产业链积极打造创新基金集群，2022年新增基金规模300亿元，积极释放国有资本的杠杆撬动效应。

杭州创新基金集群的发展

杭州创新基金集群于2021年3月启动，启动规模高达

[1]　郭峰，舒俊．“杭州制造”提质扩量 铸就实体经济的铁柱钢梁[EB/OL].（2022-06-01）[2023-11-20]. https://stock.cnstock.com/stock/smk_jjdx/202305/5059343.htm.

[2]　韩宋辉．社保基金会拟设专项基金支持关键核心技术攻关[EB/OL].（2023-05-11）[2023-11-20]. https://stock.cnstock.com/stock/smk_jjdx/202305/5059343.htm.

[3]　杭州市人民政府国有资产监督管理委员会．助力打造产业兴盛的新天堂 杭州创新基金释放投资撬动效应[EB/OL].（2022-04-02）[2023-11-20]. http://gzw.hangzhou.gov.cn/art/2022/4/2/art_1689495_58899909.html.

804.5亿元。此后，杭州创新基金历经多次扩容。扩容后的基金集群包括行业母基金、子基金和专项子基金，旨在进一步加大金融支持实体经济力度遵循“政府引导、市场运作、科学决策、分散共担、防范风险”原则，充分发挥国有资本投资引领和放大作用，促进更多社会资本向重点发展产业集聚。

基金集群中的母基金既可以投资项目，也可以投资基金，在杭州创新基金集群中，200亿元的泰格生物医药基金以及100亿元的中信城西科创大走廊基金均为母基金的代表；子基金则依托于母基金，关注具体行业，截至2022年已落地6只市场化子基金，包括50.1亿元的综合改革试验（杭州）基金、40亿元的中金凤凰基金、9亿元的交银产投基金、5.5亿元的普华科创基金、4亿元的贝达生物医药基金以及红杉中国人民币七期科创基金；专项子基金则聚焦于战略性新兴产业，更具有针对性，多采用一对一投资，杭州创新基金集群已先后设立了总规模64.4亿元的基石项目专项基金、总规模35亿元的富芯半导体专项基金、总规模30亿元的零跑科技专项基金和总规模6.4亿元的华瑞航空专项基金等。

产业招引“四两拨千斤”

杭州创新基金集群定位为杭州的“产业发动机”——通过充分发挥国有资本投资引领和放大作用，推动生命健康、人工智能、云计算大数据、信息软件、高端装备制造、新材料等杭州市“十四五”规划重点产业加快集群发展，促进更多社会资本向重点发展产业集聚。杭州创新基金集群通过国有企业的操盘组建和管理，引入市场资本，发挥财政资金“四两拨千斤”的作用，能用较少的资金撬动较多的产业和项目，弥补政府财政资金规模小的不足。具体来说，杭州创新基金集群能对国有资本进行两次放大，乘数效应十分明显。

行业母基金层面，200亿元的泰格生物医药基金是杭州市第一只生命健康产业母基金、首只落地的行业母基金，重点投向创新型医疗器械、生物医药、医疗服务、医疗信息化、数字疗法、智能制造等细分领域创新企业，对促进国内外优质资本、项目、技术和人才向杭州聚集，推动杭州市生命健康产业发展再上台阶具有重要意义。

子基金层面，杭州创新基金集群的运营方杭州市国有资本投资运营有限公司（简称杭州资本）与本地创新药龙头企业贝达药业股份有限公司达成战略合作，认缴1亿元投资贝达生物医药三期基金，依靠头部企业的资源优势，引进高层次海归创业人才，推动杭州市生物医药产业快速发展。与普华资本发起设立的普华科创基金，基金总规模5.5亿元，重点关注杭州市内处于初创期的优质企业，投资领域将聚焦以AI及大数据能力驱动的科技企业，以及生命科学、精准医疗、新药创制等领域的医疗健康企业。杭州资本与交银国际控股有限公司联合发起，携手杭州和达投资管理有限公司、浙江长兴金控控股股份有限公司共同设立交银产投基金，基金落地杭州市钱塘区，首期合作规模9亿元，重点聚焦健康医疗、数据智能等领域成长期企业的投资机会。

专项子基金方面，杭州创新基金集群在专项子基金投资项目上强强联合，联动其他市属国有企业，协同项目落户区，助力杭州加快培育未来产业。杭州资本积极响应市委市政府重大决策，聚焦战略性新兴产业和关键核心技术，先后成立多个专项子基金，包括基石项目专项基金、富芯半导体专项基金、零跑科技专项基金、华瑞航空专项基金。

第八章　各地发展未来产业的人才保障

习近平总书记在中国科学院第十七次院士大会、中国工程院第十二次院士大会上明确指示，“我们要把人才资源开发放在科技创新最优先的位置，改革人才培养、引进、使用等机制，努力造就一批世界水平的科学家、科技领军人才、工程师和高水平创新团队，注重培养一线创新人才和青年科技人才”。人才是创新的第一资源，没有人才优势，就不可能有创新优势、科技优势、产业优势。纵观古今中外，历史上的未来产业无不需要发挥关键人才的引领作用，例如牛顿、波义耳等开辟了力学、化学等学科，成为推动第一次工业革命的先导；爱迪生、贝尔、西门子、戴姆勒等引领并推动了第二次工业革命；冯·诺依曼、肖克莱、费森登、贝尔德等在第三次工业革命中发挥了关键作用。从国内未来产业发展实践看，各地围绕人才“引”“培”“留”“用”等不断创新人才政策，全力打造培育未来产业的人才优势。

一、“引”：聚天下英才而用之

“创新之道，唯在得人。得人之要，必广其途以储之。”未来产业作为技术驱动型、创新密集型产业，人才集聚是其发展的“源头活水”，唯有水流不断，才能厚植广阔、多样、可持续的“产业生态”。各地加快“筑巢引凤”，打破地域的制约，聚天下英才而用之。一方面是立足实际、面向未来，即着眼于新一代科技革命发展趋势，结合本地技术、产业发展要求，加强对于人才总量、结构、分布以及重要岗位、关键领域的人才需求的精准把握，靶向引进人才。另一方面是立足国内、面向国际。我国提出“加快建设世界重要人才中心和创新高地”的发展目标，需要实行更加积极、更加开放、更加有效的人才政策，依托国际高层次人才更好实施创新驱动发展战略，

为实现“聚天下英才而用之”，各地纷纷加强人才引进。沈阳市提出在新一代人工智能等新科技领域，加强引进掌握核心技术、拥有自主知识产权的国际顶尖科学家、青年领军人才等高层次人才和创新团队。成都市高新技术开发区面向全球引进符合区域主导产业方向、具有世界科技前沿技术和关键核心技术攻关能力的急需科技创新领军人才；支持区内重点企业根据关键核心技术研发需要，面向全球引进符合成都市高新技术开发区主导产业建圈强链方向、具有突出技术创新能力的急需产业创新领军人才。广东省提出，探索试点部分领域科学计划（专项、基金）面向全球青年人才开放，吸引集聚更多STEM人才；制定广东省外国人才分类标准。杭州市

提出，深入实施全球引才“521”计划、“115”引进国（境）外智力计划等人才计划，充分发挥硅谷人才工作站、杭州国际人才交流与项目合作大会、杭州海外高层次人才创新创业大赛、杭州国际人才创业创新园等平台载体作用。

专栏8-1　深圳引进国际化高层次科技创新人才[1][2]

深圳市提出建设科技创新的全球标杆城市，深度融入全球产业竞争，需要吸引更多对专业技术和国际市场运作熟知的国际人才，破除制约人才流入的体制壁垒。构建具有全球竞争力的人才制度体系，破除制度藩篱，增强政策开放度，提高人才流动性。不断降低海外人才流入成本，提升流入意愿和实际效用。完善人才签证、永居、移民、国籍、税收、金融、社会保障等政策体系和相关法律制度，在改善人才科研和生活设施等“硬环境”的同时，更要从学术氛围、创新平台、文化生态等方面营造更富吸引力的“软环境”，打造多元循环的人才生态系统。

一方面，制定系统完善的国际化引才政策措施。一是借鉴伦敦引才经验，争取先行先试国际人才技术移民与积分评估制度，探索外籍人才永久居留权配额制审批。二是借鉴新

[1]　徐翌钦.深圳高层次人才引进短板及对策[EB/OL].（2022-02-24）[2023-11-20]. https://baijiahao.baidu.com/s?id=1725614381161619052&wfr=spider&for=pc.

[2]　人才深圳.深圳向全球人才真情告白：真心爱你，真诚助你，真能成就你[EB/OL].（2023-11-02）[2023-11-20]. https://mp.weixin.qq.com/s/8peIWz6_HLXtc5uYmaFePg.

加坡引才经验，发挥人才优惠税政优势，制定配套政策措施落实粤港澳大湾区境外高端紧缺人才税收优惠政策。三是优化外籍人才来深工作及居留许可审批流程，依托河套深港科技创新合作区与前海深港现代服务业合作区等推动深港两地人才便捷流动。四是针对难以有效评价国际化人才的问题，加快同行评议制度建设，精准引入国际化人才。

另一方面，完善国际人才工作生活配套“软环境”。一是政府应建立与国际有效衔接的社会保障体系，全面保障国际人才的工作生活环境。二是借鉴新加坡引才经验，完善配套政策，加快建设国际化的教育、住房、医疗服务体系，支持现代化社区治理走向国际化发展。三是在原来的政策优惠基础上，探索建立可行性的荣誉制度，实施“物质+荣誉”双重激励，营造尊重知识、尊重人才与国际接轨的发展环境。

二、“培”：创新培养“高精尖缺”人才

未来产业具有多学科、多领域融合的特性，这也对学科复合型、专业交叉型人才提出了重要需求。一方面需要发挥“双一流”高校的引领作用，在高等教育培养体系设计方面要注重理论教育与科学实践相结合，及时将各领域前沿科学问题和进展融入教学课程，优化高校工程硕士和博士研究生培养机制，加强校企合作，

强化专业理论、行业知识、实践创新能力、综合素质的全面培养。另一方面需要进一步推动职业教育实现产教融合、畅通卓越工程师培养发展路径，注重“产”与“学”、“学”与“用”、“技”与“术”的深入融合。

针对未来产业的融合性发展需求，各地纷纷推进人才培养模式创新，构建多主体教学、多层次培养的“未来人才”培养模式。上海自贸试验区临港新片区聚焦集成电路、人工智能等新兴产业领域，依托产教融合基地创新人才培养模式，研究生招生计划直接投放到基地，按照目标导向，企业导师根据解决关键技术问题的实际需要招收研究生，相关高校承担前段的专业基础培养，双方共同指导研究生开展关键技术攻关。北京经济技术开发区围绕高端汽车、生物医药、先进制造、集成电路、航空航天等“高精尖”产业发展需要，建立区内高等职业院校专业与产业供求关系专业谱系图，实时诊断专业与职业对应变化关系，及时新增高端产业急需的专业、整合淘汰与区域产业发展方向不一致的专业。杭州市提出通过杭州学堂培训、“杭州工匠”行动计划等多种途径，切实强化对未来产业企业家和高技能人才队伍的建设。鼓励院校、培训机构开设未来产业领域相关专业和课程，加快培养一批专业技能人才。沈阳市设立面向重点行业领域的学科、专业和课程，培养满足未来产业不同层次发展需求的专业技术人才，实现专业技术人才订单式培养与输送。

专栏8-2　北京经济技术开发区围绕产业链部署人才链[1]

北京经济技术开发区汇聚了90多个世界500强企业，投资项目140余个，工业总产值占全市的22%。2021年实现地区生产总值2666亿元，单位土地投资、产出强度等主要效益指标稳居全国开发区第一位。近年来按照“依托开发区办高职、依托产业办专业”的思路，大力推进产教融合，创新未来人才培养新模式。

专业设置紧跟高层次产业发展需要

北京电子科技职业学院于2015年整体迁入北京经济技术开发区，成为开发区唯一高校。学校围绕经济技术开发区高端汽车、生物医药、先进制造、集成电路、航空航天等“高精尖”产业优化专业布局，建立专业与产业供求关系专业谱系图，实时诊断专业与职业对应变化关系，形成依据产业发展设置和动态调整专业的机制。

近年来围绕产业发展趋势，新增了智能网联汽车技术、新能源汽车技术、工业机器人技术、无人机应用技术、大数据技术等产业高层次发展所急需的专业；整合淘汰文秘、焊接技术等较为落后、与经济技术开发区未来产业发展方向不一致的专业。

[1]　王峰.专访北京电子科技职业学院党委书记张启鸿：开发区内办高职 深度探索产教城融合[EB/OL].（2022-06-10）[2023-11-20]. http://www.21jingji.com/article/20220610/23a08eec928a940f8d4fae7105a78989.html.

校企联合订单式培养未来技能人才

北京经济技术开发区的高职人才培养紧贴企业需求，“订单式培养”实现与岗位无缝对接。这种人才培养模式指以企业需求为基础和遵循，课程教学内容对接企业岗位标准要求，为企业培养出具有较高专业实践能力的高素质技术技能人才。人才培养环节是由校企双主体进行，共同制定人才培养方案、开发课程体系、开展教育教学，学生以“工学交替”的方式在学校和企业分别进行教学、实操，在师资、实训、实习、就业各个环节全方位对接，让学生实现毕业即就业，解决校企之间育人与用人的矛盾。

2023年，北京电子科技职业学院已为经济技术开发区高科技企业开设了多个订单班，精准培育未来技能人才。航空航天领域有Ameco订单班、东航订单班、彩虹无人机订单班；未来出行领域有北京奔驰订单班、理想汽车/小米汽车/北汽新能源/ARCFOX订单班以及百度Apollo订单班等。

三、“留”：营造拴心留人的人才环境

“筑巢引凤栖，花开蝶自来。”“引才”“育才”只是人才政策的基础，还需要考虑如何让人才留下来，需要为其创造良好的发展环境，以全方位服务让“引凤来栖”变为“引凤长栖”。这既需要

围绕人才的实际需求和现实关切，在工作层面提供谋事创业的良好条件，在生活层面解决人才后顾之忧，切实提升人才获得感、幸福感和归属感。

各地为了形成高层次人才的长久动力，不断提升服务温度、强化服务力度，建设“近悦远来、宜居宜业”的人才生态环境。无锡市提出建设江苏省“人才发展现代化先行区”目标，着力用好市场化和社会化手段广聚海内外英才，打造海归第一站、营创最优城。对此无锡紧盯人才需求，围绕人才安居、人才出行、人才健康、人才金融、创业就业、人才交友、人才文娱等方面不断完善相关服务，打造“无忧”人才服务品牌。常州市金坛区为吸引顶尖人才、领军人才、拔尖人才、青年人才等多层次人才，出台了“遇才无忧”的“人才服务二十条”，包括人才安居、乐业、畅游、康养等全方位服务。如在人才乐业方面，提供专人专窗一站式审批服务和全生命周期审批跟踪服务，为人才免去从工作到生活的种种“后顾之忧”。沈阳市在《未来产业培育和发展规划（2018—2035年）》中强调，创新高层次人才分配机制，建立健全重实绩、重贡献，向优秀人才和关键岗位倾斜的分配机制。加大人才创业融资扶持，引导社会资本投资人才项目和企业，提高财政资金间接扶持力度。

四、“用”：不拘一格用人才

人才的创新活力不仅仅取决于人才数量，还取决于人才的使用。好的人才使用机制能够充分调动人才的积极性、主动性，给人才提供足够的发展空间，进而全方位、系统性地挖掘科技创新的潜力，构建起良好的创新生态。反之则会破坏人才发展环境，甚至影响整个创新体系的效能。对于未来产业而言，更需要充分尊重创新型人才发展规律，为人才搭建好大有可为的事业“舞台”，让各类人才干成事、创成业。

各地纷纷探索创新人才使用机制，以放权、赋能为重点，将真才实干的人才选出来、用起来，充分释放创新人才活力。上海市持续对各类创新主体和人才“松绑”“解绑”，如对三大先导产业和六大重点产业领域中开展基础研究及应用研究、突破关键核心技术、解决重大工程技术难题等作出重要贡献的青年科技人才，探索实施特殊的晋升机制。深圳市光明科学城提出“支持青年科技人才挑大梁、当主角”，实施全市首个“青年科技人才专项培育行动”，引进支持一批在自然科学领域有明显创新潜力的青年科技人才投身基础研究，支持青年科技人才在光明科学城战略性新兴产业和未来产业领域揭榜挂帅，引导支持重点产业领域研究的“开拓者”，大力支持对从事基础前沿交叉领域研究的“探索者”。杭州市打破学历、资历、身份等限制，推进高技能人才直接认定，对在生产经营实践中具有绝技绝活、业绩突出、贡献较大的技能劳动者，予以高级技师或技师职业资格的直接认定。

专栏8-3　上海市创新人才评价机制，激发科技创新活力[1]

科技人才评价是人才发展的基础性制度和深化科技体制改革的重要内容，对培育高水平科技人才队伍、产出高质量科研成果、营造良好创新环境至关重要。上海市近年来大力创新科技人才评价机制，引导各类科技人才人尽其才、才尽其用、用有所成，为实现高水平科技自立自强和未来产业高质量发展提供有力人才支撑。

“评什么”：以创新能力、实绩、贡献为导向

以往评价方式存在着“五唯”倾向，更多是对“人”的评价，将学术头衔，人才称号及职务作为限制性条件，但忽视了对“事”的评价，忽视了科技人才在不同科研项目中价值创造的差异性，以及科技人才在不同成长阶段创造价值的差异性，不利于激发各类科技人才创新活力和工作热情。

科技人才评价首先要解决“评什么”的问题，要回到以科技创新质量、绩效、贡献为价值导向的根本目的。上海市加快打破唯学历、唯资历、唯论文等倾向，坚持凭能力、实绩、贡献评价人才。上海市对科技人才提出“代表性成果评价”机制，突出评价研究成果质量、原创价值和对经济社会发展的实际贡献。改变片面将论文、专利、项目、经费数量等与科技

[1]　胡思华.加快建立以创新价值、能力、业绩为导向的人才评价体系，上海已累计出台25个职称系列改革办法[EB/OL].（2023-08-26）[2023-11-20]. https://mp.weixin.qq.com/s/cZZy3z0vIy-fdazvXbEURA.

人才评价直接挂钩的做法，建立并实施有利于科技人才潜心研究和创新的评价制度。同时促进人才评价和项目评审、机构评估有机衔接，避免将各类人才计划头衔与人才评价、项目评审、机构评估简单挂钩，统筹建立全市统一的人才计划申报平台。此外，上海市还高度完善青年人才评价激励措施。破除论资排辈、重显绩不重潜力等陈旧观念，重点遴选支持一批有较大发展潜力、有真才实学、堪当重任的优秀青年人才。加大各类科技、教育、人才工程项目对青年人才的支持力度。

“怎么评”：创新人才分类评价体系

传统科技人才评价标准存在“一把尺子量到底”的问题。科技人才分布领域广，行业分类多，专业门类多。既有基础研究型人才，也有实践应用型人才。而以往科技人才评价标准较为单一，对不同领域、不同门类的人才使用简单统一标准衡量，存在重学历轻能力、重资历轻业绩、重论文轻贡献、重数量轻质量等问题。

因此，创新人才的评价需要遵循科技创新规律、进行科学分类，按照不同创新领域，不同研究性质，分类评价科研项目。上海市持续建立健全科技人才分类评价机制，对基础研究类、应用研发类、技术转移服务类等人才设立了不同的评价指标。具体来看，对主要从事基础研究的人才，着重评价提出和解决重大科学问题的原创能力以及成果的科学价值、学术水平和影响等。对主要从事应用研究和技术开发的人才，着重评价技术创新与集成能力、取得的自主知识产权和技术突破、成果转化情况、对产业发展的实际贡献等。对主要从事技术转移服务的人才，着重评价技术评估对接、商务分析谈判、知识产权和技术实施管理能力以及技术转移绩效等。对主要从事科技战略研究的人才，着重评价研究应用价值、决策影响力、战略性思维等。

“谁来评”：培育多元评价主体

传统的科技人才评价主体较为单一，政府往往处于主导地位，利用行政手段组织专家进行评审。而用人和经营主体参与较少导致“外行评价内行”“一班专家评到底”等现象，存在评价手段趋同、行政色彩浓厚等问题。

上海市提出“谁用谁评价、干什么评什么”的原则，积极引入多元评价主体，让真正懂行的经营主体开展人才评价。一是提出保障和落实用人单位自主权。推动市属高校进一步完善和优化评聘体系。积极向管理基础好、专业水平高的市级医院下放人才评价权限。深入推动具备条件的科研院所、文化机构、大型企业、国家实验室、新型研发机构及其他人才智力密集单位自主开展评价聘用（任）工作。二是健全市场化、社会化的管理服务体系。发挥市场、社会等多元评价主体作用，积极培育发展各类人才评价社会组织和专业机构。推动领军企业、行业协会等牵头制定集成电路、人工智能、生物医药等战略性新兴产业领域人才评价标准。

第九章 各地发展未来产业的治理探索

一、打造公平竞争市场秩序，建立“最优赛制”

公平竞争的市场秩序，是发挥市场机制作用、实现资源合理配置和激发经营主体积极性创造性的基础和前提。良好的市场秩序需要完善的制度和规则保障，这就需要发挥政府在建章立制方面的重要作用，探索建立“最优赛制”，营造公平竞争、竞相创新的市场环境。

（一）创造公平竞争的市场环境，充分激发各类主体活力

一个有活力的市场，其前提是经营主体同等受到法律保护，公平有序参与市场竞争。对于未来产业而言，既要充分发挥国有企业力量，也要引导支持民营企业大显身手、积极参与发展创新。一方面，坚持党的领导、加强党的建设，是我国国有企业的独特优势。国有企业能在国家战略领域承担更多重大创新使命，能够在未来产

业发挥资源强、人才聚等优势，引领重大科技创新和探索重点产业发展。另一方面，民营企业具有市场敏感、响应快速、活力旺盛和变革精神强烈的独特优势，拥有基于市场需求导向将技术产业化、商业化的能力，未来产业领域正是其大有作为的重要战场。

近年来，许多地方围绕着推进各类主体平等充分参与产业发展，进一步优化公平竞争的市场环境，支持民营企业更多地参与到未来产业建设发展中。构建各类企业在未来产业协调共生共赢共融机制。青岛市持续推进国企、民企和中小企业发展，呈现出“国企强基固本、民企强势突围、新锐企业突飞猛进”的鲜明特点。持续加快国企与民企产业深度融合，包括推动国企与民企在上下游产业链条的深入合作，探索国企民企实现“双向混改”等。江西省提出要加快向民营企业开放重大科研基础设施和大型科研仪器。实施重大技术装备首台（套）推广应用工程和重点新材料首批次应用示范工程，鼓励在招投标、政府采购中优先采用首台（套）产品。厦门市针对信息不对称、重大项目参与不公平问题，优化投资项目信息发布机制，吸引民间资本参与新基建等领域优质项目。

（二）营造良性竞争的创新氛围，探索“揭榜挂帅”“赛马”等举措

“揭榜挂帅”是指在关键核心技术攻关中发出“英雄帖”，不论出身，谁有本事谁揭榜。但揭榜成功并不意味着结果的成功，对此有必要引入“赛马”竞争。在重大科研项目立项时，择优选择多

个主体并行攻关，在项目开展过程中采取阶段性考核、竞争性淘汰机制，让真正干得好的主体脱颖而出，选出“千里马”，与此同时，针对同一目标采用不同技术路线，多种路线的碰撞还有可能激发出颠覆性、创新性方案。

近年来，各地纷纷探索采用各种方式以集中攻关产业链关键核心技术和突破“卡脖子”问题。浙江省提出在“双尖双领”攻关计划项目中推行“赛马制”。对优势单位相当、存在多种技术路线可能且战略急需的项目开展“赛马制”竞争，并行立项、限时攻关、好中选优。在“赛马”项目实施过程中，定期考核，优胜劣汰或组织多家单位“强强联合”共同攻关。深圳市提出在技术攻关项目中实施“赛马制资助”，同一个项目，参与“赛马”的牵头单位不超过3家，设置阶段性考核目标。项目立项后，分批次分阶段给予经费。

专栏9-1　浙江省抗疫技术攻关的“赛马制”探索[1]

2020年浙江省科技厅采用“赛马制”方式，并行支持多个团队开展新冠病毒检测产品研发。

一是实行动态竞争。选择省内优势企业和团队揭榜挂帅，并行支持十余款检测产品研发，以3个月为期开展阶段性评估，及时叫停进展不良的项目，最终浙江东方基因生物制品

[1]　陈海燕，李海丽，李玲.科技项目管理“赛马制”的实践与发展[J].科技智囊，2022（08）：60–67.

股份有限公司与杭州医学院联合研发的新冠病毒抗体检测试纸获国家药品监督管理局批准注册，成为浙江省第一款获批的新冠病毒抗体检测产品。

二是组建创新联合体。省政府积极牵线搭桥，促成浙江东方基因生物制品股份有限公司与杭州医学院强强联合，组建产学研融合创新联合体，从项目支撑、平台配套、人才补齐等方面进行资源的全链条配置。

三是优化政务服务。针对企业人类遗传资源备案程序不熟悉、临床试验补充困难多等问题，省政府加强服务工作，及时推荐行业内具有资质和办理经验的单位协助办理，协调省内医疗机构补充相关试验内容。积极对接科技部，争取国家支持，进一步畅通产品注册审批的各个环节。

“赛马制”的优势在于，采用分散化、分阶段资助的方式，在前期对多个团队给予分批次的动态资助。这就能根据研发进展包括技术路线成熟度和项目完成度等情况，针对性地放大或削减资金投入，让研究力量和科研资源逐步集中在优势方向上，提高科研资源使用效率。

二、创新包容审慎监管模式，留足“探索空间”

未来产业作为“未来”产业，既意味着孕育着未来无限的可能与勃勃的生机，也意味着发展的不确定性、需要长期的探索。这要求监管部门一方面要鼓励创新，为未来产业发展留足空间；另一方面要守好底线，实现创新与风险监管适度平衡。防止简单封杀或放任不管，让监管既有力度又有温度。

（一）秉持开放包容理念，试行柔性监管

事物发展通常呈现“螺旋式”上升，必然会出现一些“发展中的问题”，未来产业发展过程中可能存在前沿创新失败、市场潜力释放不到位、赛道选择偏差、商业化模式创造效应受限等一系列问题和困难。政府监管一方面可能存在“不该管”的问题，需要尊重自然发展规律，一些问题需要依靠市场自然出清；另一方面可能存在“管不好”的问题，对新事物看不清、“吃不透”，跟不上技术迭代及场景拓展的节奏，所以要给予创新活动一定的发展空间，试行柔性监管方式，设置一定的“观察期”和“过渡期”，在严守底线的情况下鼓励未来产业积极创新。对于实践中已有一定基础和经验、看得准的产业创新活动，要按照科学分类、精准监管的思路，制定和实施量身定制的监管政策，为产业规范发展提供指引和约束，推动行业持续健康发展。

近年来，许多地方都本着包容审慎的理念创新未来产业监管制度。深圳市提出，给予新兴产业企业1~2年的成长“包容期”。在“包容期”内，试行柔性监管方式，以行政指导和服务为重点，通过宣传引导、合规承诺、行政提示、行政约谈、行政告诫等柔性监管方式，积极引导和督促企业守法诚信经营。同时还探索建立分级分类的监管制度，如根据人工智能应用的风险等级、应用场景、影

响范围等具体情境，实施分级、分类差异化监管，完善人工智能领域监管机制。南昌市提出给予“四新经济”（新技术、新产业、新业态、新模式）发展包容期，试行降低“包容期”内企业检查频次，除投诉举报、转办交办、专项整治行动等情况外，对低风险企业“无事不扰”比例达50%。西安市针对“四新经济”经营主体推行“三张清单”制度，包括经营主体轻微违法行为不予处罚清单、违法行为应当从轻或减轻处罚清单、违法行为可以从轻或减轻处罚清单，全面推行包容审慎监管。

（二）加强风险管控机制，严守发展底线

对于产业发展既要开放包容，也要重视风险防控，严守保护公共安全和人身财产安全的底线。实现这种“放”与“收”平衡的关键在于：一是需要有“事前”的前瞻研判与合规指引，分级分类和精准施策，加强预防式监管；二是对“事中”产业发展的动态监测，采用“监管沙盒”等方法，让重点行业能够在安全可控的环境下有序创新；三是“事后”的及时发现和纠偏，能够及时进行风险管控，防止产业发展的局部风险演变为区域性、行业性甚至是社会性突出问题。

对于新业态的风险管控机制也是近年来各地产业政策创新的重点。福建省提出，从企业注册、网络经营、商标注册、产品质量、广告合规、投诉举报等多个方面，以跨前服务强化预防式监管，持续加强对新技术、新产业、新业态、新模式企业开展专业化“体检式”“啄木鸟式”合规性指导和培训服务。上海市对重点

领域开展科技伦理审查，普陀区西部医疗联合体伦理委员会是上海第一家区域性的独立伦理审查机构，规范涉及人的生物医学研究和相关技术的应用，维护人类受试者的尊严、权利、安全和利益，加强对临床试验伦理审查工作的指导和监督管理。济南市提出划定特定区域，探索建立人工智能重点应用领域“监管沙盒”。在一个安全的空间里，适度合理放宽监管要求，让人工智能领域有关企业、科研院所等可以在一定时间和范围内创新测试其金融管理、科技服务和产业发展模式等，在相关活动碰到问题时不必立刻受到规则约束。

专栏9-2　新业态新模式的“监管沙盒”模式

“监管沙盒”（Regulatory Sandbox）的概念最早是由英国在2015年提出，主要是通过设立限制性条件和相应保护措施，让企业探索开展在真实市场环境中的创新性金融产品、服务和商业模式。

我国借鉴国际经验，着力打造符合国情的、与国际接轨的包容审慎“监管沙盒”模式，最早是在金融科技创新领域开展探索实验。监管试点于2019年12月从北京开始，2020年4月扩展至上海、重庆、深圳、河北雄安新区、杭州、苏州六市（区），引导持牌金融机构、科技公司申请创新测试，在依法合规、保护消费者权益的前提下，探索运用现代信息技术手段赋能金融“惠民利企”。

以上海市为例，其对外公示的首批“监管沙盒”创新应用充分体现了探索新技术应用、构建监管新机制的特征。“入盒”金融机构运用人工智能、区块链、大数据、多方安全计算等技术来打造普惠金融新产品、新模式，如基于人工智能的智慧供应链融资服务、基于区块链的小微企业在线融资服务、非接触金融服务、金融与政务数据融合产品、风险信息协同共享产品等。这些产品服务在积极创新的同时也高度重视风险问题，构建了风险预警监测、消费者投诉处理和补偿等机制，为金融创新构筑了多重安全防线。

相较传统监管模式，“监管沙盒”具有三大重要特征与优势。

一是更具包容性和灵活性。传统监管要求创新需符合所有已定的成文规则，而“监管沙盒”则赋予创新主体更多的探索空间，并加强政策、资源等方面的主动性服务，以便促成创新从“实验室”向“市场”的快速转化。例如，得益于企业和监管当局、消费者在“沙盒”内的频繁互动与反馈，英国通过“监管沙盒”测试的金融产品，其上市时间可缩短三分之一。

二是实现“试错”和“可控”的平衡。“监管沙盒”具有容错机制，允许创新主体试错，但由于是在一定范围、一定条件内开展，有一定隔离措施，杜绝将风险扩散至“盒子”之外，这将有效缓释创新引致的风险问题。

三是从事后、静态监管走向事中、动态监管。“监管沙盒”强调监督管理的全流程管理与专业性，在规则制定、预测趋势、改进结果方面实现动态把控，有效解决“监管盲区”问题。

三、建立创新容错机制，免去“后顾之忧”

未来产业发展是从“一颗种子”到“一片森林”的过程，需要经历不断的创新、试错。因此要建立起鼓励创新、允许失败的包容机制，要对想干事能干事的企业家、领导干部、风险投资家、科研人员等创新主体给予容错纠错的空间，充分激发其积极性、主动性和创造性。

（一）对企业家创新需给予容错纠错空间

美国经济学家熊彼特提出，企业家的职能就是创新，创新就是企业家建立的一种生产函数；对成功的渴望度、对领地的掌控欲以及创造的喜悦感，被视为企业家精神的实质。但创新是有风险的，难免有失误，市场更是变幻莫测，因此社会要对那些在新技术、新产品、新业态发展中，踏踏实实工作但走过弯路，甚至有过挫折的创新创业者给予一定的包容度，给予其容错纠错的空间。

深圳市出台《深圳经济特区个人破产条例》，这意味着创业失败者有机会甩掉债务包袱重整旗鼓。个人破产制度，是以法治保障“宽容失败”的制度，为创新带来更大活力。上海市提出，要以发展的眼光依法评判企业经营失误，妥善把握罪与非罪界限。准确区分单位犯罪与个人犯罪，继续探索单位犯罪认罪认罚从宽制度，切实维护企业合法权益。依法对涉案企业和个人采取较为宽缓的措施，对新技术、新产业、新业态、新模式，既留足发展空间，又坚守法治底线。山东省提出要建立企业家容错机制，充分调动企业家改革的积极性，鼓励创新，宽容失败。对在推进企业改革创新过程中依法决策和实施，且勤勉尽责、未谋私利，但由于缺乏经验、政策调整、市场变化以及其他不可抗力等原因造成损失的，免于追究相关责任。

（二）对领导干部创新需建立容纠并举机制

邓小平同志曾讲，“干革命、搞建设，都要有一批勇于思考、勇于探索、勇于创新的闯将”。然而，在实际工作中要做一名“闯将”并不容易，尤其是在充满不确定性的未来产业发展领域，在大胆探索创新之中必然意味着出现错误。要激发各级干部推动未来产业发展的积极性，就必须建立起容纠并举的机制，正确对待干部在工作中，特别是改革创新中的失误错误，依规依纪依法免予追究责任或者从轻、减轻追究责任，同时采取措施，监督、推动问题整改及时到位。

江西省提出，完善容错纠错机制，保护各级干部推动未来产业发展的积极性、主动性和创造性。河南省在战略性新兴产业和未来产业发展规划中提出，坚持“三个区分开来”[1]，树立尽职免责导向，建立健全鼓励创新容错机制。北京市提出，正确对待干部在工作中特别是改革创新中的失误错误，旗帜鲜明为敢于担当、踏实做事、不谋私利的干部撑腰鼓劲，积极营造鼓励创新创造创业、干事担当作为的良好氛围。深圳市提出，全面落实“三个区分开来”，建立健全容错纠错机制，宽容干部在改革创新中的失误错误，对干部的失误错误进行综合分析，该容的大胆容，不该容的坚决不容。

（三）对科研人员创新需完善尽责担当机制

科研领域越是尖端难度越大，失败的概率就越高，如果失败了就要面临责任问题，那么就会打击科研人员的积极性，导致科研人员不敢碰、不愿碰难度高、失败概率大的科研项目。未来产业作为一项创新密集型、科研驱动型的业态，也需要具有对科研人员的包容性管理与激励机制，以鼓励科研人员勇于承担探索性强、风险性高的研发创新和“卡脖子”技术攻关项目。

河北省提出，在开展自由探索和颠覆性技术创新活动中，对已经履行勤勉尽责义务、因技术路线选择失误或者不可预见原因导致难以完成预定目标的单位和项目负责人，有关部门按照规定予以免责。北京市提出鼓励高等院校、科研机构、国有企业建立成果评价与转化行

[1]　2016年1月18日，习近平总书记在省部级主要领导干部学习贯彻党的十八届五中全会精神专题研讨班上的讲话中提出“三个区分开来”：要把干部在推进改革中因缺乏经验、先行先试出现的失误和错误，同明知故犯的违纪违法行为区分开来；把上级尚无明确限制的探索性试验中的失误和错误，同上级明令禁止后依然我行我素的违纪违法行为区分开来；把为推动发展的无意过失，同为谋取私利的违纪违法行为区分开来。

为负面清单，完善尽职免责规范和细则，推动成果转化相关人员按照法律法规、规章制度履职尽责，落实“三个区分开来”。重庆市提出对青年科研人员减少考核频次，实行聘期考核、项目周期考核等中长周期考核评价，对孕哺期女性科研人员适当放宽期限要求、延长评聘考核期限。陕西省提出，各高等院校领导及职能部门在履行勤勉尽职义务，严格执行决策、公示制度，没有牟取非法利益的前提下，不承担在科技成果定价中因科技成果转移转化后续价值变化产生的决策责任，切实解决科研人员和管理人员“不敢转”问题。

（四）对创投基金需完善尽职免责机制

由于未来产业处于行业种子阶段、萌芽阶段，其创新投资必然存在一定的失败概率。因此需要设置具有可操作性的尽职免责和容错机制，鼓励引导基金管理团队放开手脚，使从业人员有信心和底气在投资风险相对较高的早期投资阶段发力，帮助畅通未来产业发展创新的资金渠道。

上海市提出，建立完善国有资本创业投资企业市场化运作机制。推进落实创新容错机制，对改革创新与科技投资未能实现预期目标，但依照国家和本市有关决策、规定实施，且勤勉尽责未谋取私利的，不作负面评价，并依法免除相关责任。河南省提出，明确免责情形，给予一定的投资失败容忍度，鼓励省属投资公司和基金管理机构大胆创新探索、承担投资风险。西安市提出，创投基金坚持保护创新、鼓励探索、宽容失误、纠正偏差的原则，建立责任追究和容错纠错机制，不将正常投资风险作为追责依据。

专栏9-3　支持“投小投早投未来”的创投基金容错机制[1]

近年来，为鼓励国有创投、政府引导基金等“投小投早投未来”，国家印发了《国务院关于促进创业投资持续健康发展的若干意见》《关于推广第二批支持创新相关改革举措的通知》等相关文件，提出要建立“推动政府股权基金投向种子期、初创期企业的容错机制”，即“针对地方股权基金中的种子基金、风险投资基金设置不同比例的容错率，推动种子基金、风险投资基金投资企业发展早期”“形成鼓励创业、宽容失败的国有创业投资生态环境”。目前各地在推动尽职免责和容错机制建设方面主要有以下3个做法。

一是完善责任认定机制。对于已经完整履行相关程序，无失职行为的相关人员减免追究责任。如《西安市创新投资基金设立方案》指出，创投基金坚持保护创新、鼓励探索、宽容失误、纠正偏差的原则，建立责任追究和容错纠错机制，不将正常投资风险作为追责依据。对未谋取私利且严格遵循投资决策、投后管理等程序，不存在违反相关制度和业务流程的情形，没有实现预期目标或造成损失的，督促相关人员及时整改和纠错纠偏，不对基金管理人员个人作负面评价。

二是完善绩效评价机制。对于创投基金的评价，不以单

[1]　央视网.国务院发布关于促进创业投资持续健康发展的若干意见[EB/OL].（2016-09-23）[2023-11-20]. http://jingji.cctv.com/2016/09/23/ARTIBLssSWrNrlbxfPL7wSP5160923.shtml.

个项目盈亏为依据，而是要着眼于基金的整体收益、中长期收益。对基金实施全过程绩效管理，针对不同投资方向和投资属性，分别制定不同的绩效目标、考核指标和评分权重。依法依规用足用好考核评价结果，做到投资必问效、无效必问责。遵循市场和行业规律，对每只基金的总体运作绩效开展综合考核评价，不对单个投资项目或单只子基金进行考核评价。给予基金一定的投资风险容忍度，适当提高对政策类项目和种子期、初创期项目的风险容忍度。

三是建立健全容错容亏机制。充分认识到早期项目高风险、高收益的特点，对于由此带来的亏损给予一定程度的容忍和包容。《苏州市天使投资引导基金管理办法》提出，应容忍正常的投资风险，不将正常投资风险作为处罚依据，如子基金运行符合市场规律，兼顾到投资安全、收益及政策效应，并符合本办法规定的免责条件的，且亏损在20%（含本数）以内，可以不申请启动免责容错工作程序而且对相关人员不予追责；当子基金清算时亏损超过20%的，基金管委会启动免责容错工作程序；管理公司认为符合免责容错情形的，也可以向基金管委会提出免责容错调查申请。按照市委、市政府决策部署，在天使母基金运作过程中，基金绩效按照整个生命周期予以评定，单只子基金或所投项目造成投资亏损的可以免责。

第十章 加快培育发展未来产业的政策建议

一、强化未来产业发展的技术策源

未来产业的技术策源要立足于高水平科技自立自强，瞄准进入创新型国家前列、建成现代化经济体系，充分发挥新型举国体制、超大规模市场两大优势，充分发挥科学家、企业家两个主体积极性，探索“科学家+企业家”的科技协同创新机制，推进“企业家出题、科学家答题”“科学家给技术、企业家用技术”的联动模式，并行发展两条技术策源路线。一是沿着“基础理论创新—工程技术创新—产品开发设计—商品产业转化”的路径，从“从0到1”的理论突破开始，相继把基础理论变成工程图纸、实验室样品、小试中试产品再转化为大规模产业化的商品。二是沿着“巨大潜在市场需求—关键核心技术攻关—产品开发设计—商品产业转化”的路径，让市场需求倒逼技术攻关进而催生未来产业。

（一）充分发挥新型举国体制优势，加强科技变革的战略预见，加快推进前沿技术重大突破

一是强化跟踪研究中长期全球技术变革的战略预见，探索发布前沿技术攻关目录与未来产业发展指引，建立未来技术动态清单，探索建立一批未来产业技术研究院，前瞻部署一批战略性、储备性技术研发项目。

二是充分发挥国家实验室、高校、科研院所、优秀企业或国家重大科技基础设施等国家战略科技力量，组建国家未来产业技术研究中心，设立未来研究院、未来技术学院，重点加强前沿技术多路径探索、交叉融合和颠覆性技术源头供给，打造未来产业策源地。

三是发挥政府重大科技创新组织者作用，搭建跨学科、大协作、高强度的协同创新基础平台，完善颠覆性和非共识性研究的遴选和支持机制，鼓励发展新型研发机构、企业创新联合体等新型创新主体，打造多元化参与、网络化协同、市场化运作的创新生态体系。

四是主动设置全球性创新议题，提高国际知识配置能力，组织实施国际大科学计划和大科学工程，建设“一带一路”创新共同体，加快科技创新交流、共建联合实验室。

（二）充分发挥超大规模市场优势，围绕产业链布局创新链，精准发力关键核心技术攻关

一是加大源头性技术创新主体培育力度，推动科研组织范式创新，引导行业骨干企业牵头联合高等院校、科研院所等搭建未来产业创新联合体、企业共同体和知识产权联盟，探索“科学家+企业家”的协同攻关机制，对符合战略性未来技术方向和未来产业发展需求的科研攻关项目予以重点扶持，催生一批重大基础研究成果和战略产品。

二是围绕农业、制造业、能源、交通、文旅、医养等重点行业，挖掘培育传统产业数字化、智能化、绿色化转型升级的开放应用场景，加快形成行业转型升级的共性关键核心技术，推动共性关键核心技术的集中攻关、创新应用与迭代升级。

二、强化未来产业发展的孵化培育

未来产业的孵化培育立足创新链产业链双向融合，瞄准打造引领未来的先导性支柱性产业，打破传统给项目、给优惠的支持政策，转向给场景、育主体的支持政策，抓住谁来孵化培育、怎样孵化培育两个关键。在谁来孵化培育上既要龙头企业“顶天立地”，更需要中小企业“铺天盖地”，形成各类初创企业不断涌现的“热带雨林”；在怎样孵化培育上要突出应用场景与早期市场供给，发挥政府扶持作用。

（一）以主体培育为重点，打造多元化产业发展生态

一是鼓励现有行业头部企业布局未来产业前沿领域，加快推动高成长性创新型企业发展，培育一批未来产业龙头企业。发挥“头雁”引领带动能力，支持龙头企业平台化发展，通过创新技术、数

字平台、生产资源、资金人才等开放共享，带动中小企业融通发展。

二是鼓励经营主体在未来产业领域创新创业，主动发掘和培育高技术、高成长、高价值企业，打造未来产业各个细分领域中的专精特新“小巨人”企业。建立未来产业“新星”企业培育库，打造分层分级、动态跟踪的梯次培育管理工作体系，提供针对性的、主动性的产业服务。

三是根据未来产业不同阶段的差异化发展需求，采用“政府引导+科技园牵头+领军企业+社会资本”模式，立足于“科学家+企业家+投资家”握手，探索建立一批概念验证中心，围绕概念验证、中试熟化、产业加速等环节，建设服务未来产业科技成果转化全链条的多层次创新平台和载体。

四是围绕大科学装置、国家实验室等创新平台建设成果转化体系，推动成果“沿途下蛋、就地孵化”。建设科学成果转化平台，举办科学成果转化产业峰会，推动科学成果转化签约。

五是完善大科学装置和国家实验室开放使用规则，为创造力强的青年学者、有潜力的“冷板凳”领域预留使用空间。鼓励学术人才考核机制多样化，遵循基础研究不同领域自身的学科规律，制定差异化、长周期的考核体系，鼓励坐“冷板凳”、出“颠覆性”成果，不断完善鼓励科学家自由畅想、大胆假设、认真求证的创新环境。

（二）以场景开放为牵引，形成多主体联合创新模式

一是组织实施前瞻性、验证性、试验性应用场景项目，搭建场景“沙箱”，推进未来技术在具体应用场景和行业领域的应用和有

效验证，加快未来技术的市场化进程。强化城市公共应用场景开放，在金融服务、数据开放、科研立项、业务指导等方面加大对场景创新的支持。

二是推动前沿技术与生产、生活、生态、治理各领域全环节融合，构建多维度、可持续的场景体系。重点扶持行业级、场景级系统解决方案供应商，鼓励优势企业围绕场景拓展行业应用领域，孵化未来产业。

三是构建择优培育应用场景对接机制，探索“政府搭台、企业出题、企业答题”模式，建立常态化未来技术应用场景清单征集、发布、遴选机制，推动未来产业培育从“给政策”“给项目”向“给机会”转变。鼓励企业开展同台竞技和技术产品公平比选，形成具有内在驱动力的多方参与长效场景建设机制。

四是对于经过市场考验、发展前景好的场景解决方案，探索通过政府采购、试点示范、相关牌照优先发放等多种形式，加大支持力度。借鉴发达国家在国防采办、政府采购方面的经验，增强前沿技术转化产品的政府采购力度，为前沿技术向未来产业转化提供早期市场。

三、强化未来产业发展的资金支持

针对未来产业孵化培育周期长、风险高、战略性强的特征，未来产业的资金支持更需要“耐心资本”，加快形成未来产业从基础研发、小试中试到产业化不同阶段的差异化资金支持机制，在社会资本普遍不愿意“投小投早投未来投硬科技”的情形下更需要政府加大支持力度、创新支持模式。

（一）强化政府长期稳定的投资支持

一是积极做大做强政府科技产业类引导基金，切实发挥财政资金的杠杆效应和导向作用。采取直接投资、定向基金和非定向基金等投资模式，引导各类政府产业投资基金以一定比例支持未来产业。建立健全政府科技研发资金、政府产业引导资金与市场化投资基金的联动机制。强化各级政府科技创新基金联动支持，鼓励政府科技创新基金通过与社会资本合作、与国家大基金对接等方式设立定向基金或非定向基金。

二是积极探索形成财政资金、国有资本收益和社会资金多渠道并举的滚动投入机制。引导国有投资机构加强对未来产业的支持，在经营业绩考核、薪酬制度等方面采取更加灵活的安排。支持保险资金、社保资金、企业年金、捐赠基金等各类长线资金依法投资市场化国家级科创引导基金。

三是政府探索设立未来产业概念验证公益基金，深化“先导验证+股权投资”模式，前期以公益性研发资金资助方式支持前沿颠覆性技术开展概念验证，项目验证成功并转化为创业企业后，前期资助转换为企业股权投资，带动社会资本投资前移，帮助未来产业创新项目在早期获得启动基金，解决科研人员后顾之忧。

四是支持采用地方政府专项债、公募REITs（不动产投资信托基金）等方式，鼓励社会力量参与基础建设，为国家实验室、重点高校院所、新型研发机构、高层次人才提供资助。

（二）引导更多非政府资本投资未来产业

一是构建支持未来产业发展的全链条科技金融生态，瞄准未来产业在萌芽期、成长期、扩张期和成熟期等各阶段，针对不同发展阶段、不同规模、不同需求的科创成果和企业，匹配有针对性的科技金融服务，探索设立从"公益化—半公益半市场化—市场化"的全生命周期科技金融服务体系。

二是加大支持科创企业和未来产业发展间接融资力度，利用贷款贴息、担保风险补偿等手段，降低融资成本，引导金融资本流向科技型企业，实现"投贷保贴"联动，同时积极探索"贷款+直接投资""商行+多元化金融""融资+融智"的多元业务模式。引导金融机构推出科技企业研发贷、人才贷、订单贷等信贷产品，继续丰富金融机构支持未来产业发展的渠道。

三是鼓励和支持私募基金投资科技创新，探索建立私募机构白名单机制，对登记备案的私募基金投早、投小、投长、投硬科技绩效明显的，在合作设立子基金、共享投资项目储备库等方面给予支持和奖励。引导和支持科技企业孵化器设立天使投资基金与创业种子基金，扶持创新创业，支持初创企业。加大支持创业投资机构、银行、担保、融资租赁等金融机构的合作力度，探索投贷联动、投保联动、投债联动、投贷保联动等新模式。

四是加强对未来产业发展情况的评估与信息公开，促进对未来产业企业发展潜力和价值的科学评估，及时向投资者提供有关未来产业的信息和趋势预测，支持金融机构、国有资本企业建立与未来产业企业的交流合作关系。

四、强化未来产业发展的治理创新

未来产业的治理创新要“风物长宜放眼量”，动态调整各项市场制度以符合未来产业的需要，探索寓治理于服务的未来产业治理模式，既适应未来产业发展的政策举措，又保障未来产业发展的有序性、稳健性，更要在未来产业发展中强化正向激励，大力营造鼓励创新、宽容失败、敢闯敢试的创新文化与发展环境。

（一）建立市场导引制度，打造公平竞争市场

一是探索建立“边孵化边调整”的市场导引制度，促进未来产业相关产品与服务的市场开发推广。避免简单套用已有的市场准入管理模式，探索未来产业市场准入负面清单制度，鼓励国有企业、民营企业、外资企业等经营主体积极参与未来产业发展，及时打破各类“玻璃门”，完善开放包容、公平竞争的市场环境。强化未来产业的创新激励，采取“揭榜挂帅”“赛马”等机制，在良性竞争中激发未来产业的重要创新。

二是鼓励在创新资源集聚、产业基础雄厚、应用场景丰富的地方开展未来产业各类改革政策先行先试，探索建立一批未来产业先导区，聚焦未来技术突破、创新成果转化、应用场景建设等重点领域开展跨区域、跨部门、跨层级统筹协调，加快探索培育发展未来

产业的有效路径和模式。

三是结合未来产业孵化培育进度，适时成立行业标准组织、产业联盟，支持相关组织、龙头企业主导和参与重要的国际标准制订，制定未来产业基础共性、行业应用等技术标准规范。

（二）探索包容审慎治理，建立行业发展指引

一是坚持“鼓励创新、包容审慎”的工作理念，探索寓治理于服务的未来产业治理模式，在严守安全底线的前提下为未来产业发展留足空间。探索实施预警提示、行政指导等柔性监管模式。

二是探索适用未来产业发展的“监管沙盒”措施。合理设立“红绿灯”，并建立动态调整和风险预警机制，动态发布未来产业“绿灯”投资目录与典型案例，分行业探索行业发展规范指引。鼓励行业协会等社会力量积极参与未来产业协同治理。

三是实行分级分类监管，根据风险类型和重要性、敏感性程度，对不同产业活动施以差异化监管要求、委以不同主体责任。探索“一产一策、分业施策”的治理机制。

四是坚决守好发展底线与红线，探索“触发式”监管模式，一旦风险达到“阈值”，精准实施跨部门、跨行业协同监管和联合惩戒机制。强化对未来网络、人工智能、生命健康等重点领域的科技伦理审查，保障生物安全、数据安全。

（三）建立试错容错机制，强化正向激励政策

一是坚持“三个区分开来”，建立健全适应未来产业发展的容

错试错与尽职免责机制，保护企业家、干部、科研人员、投资者等主体推动未来产业发展的积极性、主动性和创造性。

二是创新支持企业家“谋未来”正向激励政策，鼓励企业家在未来产业发展中大胆探索、锐意改革。明确创新免责情形，支持投资者“投小投早投未来”。

三是建立鼓励创新的未来产业项目遴选和评价机制，对探索性强、研发风险高的前沿领域建立尽职免予追责机制，探索长周期考核和监管机制。对一时看不准的未来产业，设置一定的“包容期”，给予经营主体成长容错试错空间。

四是大力营造鼓励创新、宽容失败、尊重人才、尊重创造的社会氛围与创新文化。正确对待干部在改革创新中的失误错误，积极营造鼓励创新创造创业、干事担当作为的良好氛围。

五、强化未来产业发展的时空布局

未来产业的时空布局突出动态调整、因地制宜的原则，既要根据技术成熟度、市场发育度变化，坚持“走一步、看三步”，从近期、中期、远期分阶段梯次培育形成一批引领能力强、经济效益好、具备核心竞争力的未来产业；又要结合各地科教资源、产业基础等差异，不搞齐步走、一刀切，因地制宜引导各地找准细分赛道布局未来产业发展，围绕未来技术产业化与重点领域未来化，探索各具特色、各显优势的发展路径模式。

（一）未来产业的时序布局

一是立足于发挥工业门类齐全的产业基础优势，近期围绕商品化生产与市场推广，加快培育未来产业发展。近期布局打造未来产业发展标杆，在若干有条件的重点赛道率先突破。围绕通用AI、高速全光通信、算力网络、合成生物、生物育种、氢能等重点赛道，聚焦一批核心技术已突破、具有广阔市场空间的创新产品，加快生产技术熟化与生产工艺改进，以政府采购等方式积极推动早期市场开发，加快推动创新产品从实验室、中试平台走向大规模市场化商品化。

二是立足于发挥海量应用场景优势，中期围绕技术熟化与产品转化，加快谋划未来产业发展。中期布局培育未来产业发展集群，在若干基础较好的先导领域全面推进。围绕6G、细胞工程、新型储能、高性能复合材料、纳米制造等重点赛道，突破一批关键核心技术、前沿引领技术和颠覆性技术，通过融合工程技术迭代熟化与应用场景建设，加快开发供需适配的未来产品与服务，推动群体性突破的技术创新矩阵转化为多元发展的未来产业集群。

三是立足于发挥新型举国体制优势，远期围绕科技探索与技术源头供给，前瞻布局未来产业发展。远期布局重大前沿技术策源建设，积极抢占未来产业竞争的战略制高点。围绕类脑智能、光子和量子信息、核聚变、前沿新材料、深地深海等重点赛道，充分发挥国家实验室、高校、科研院所、优秀企业或国家重大科技基础设施等国家战略科技力量，坚持战略定力持续加强基础研究和应用基础研究，开展重大科学问题研究和前沿技术研发，支持各类具有颠覆性影响的非共识创新，久久为功为未来产业发展提供技术策源。

（二）未来产业的空间布局

一是聚焦北京、上海、武汉、西安等科教资源优势突出的区域，瞄准前沿技术抢占未来产业发展制高点，依托国家实验室等战略科技力量，超前部署一批能够变革经济社会发展的颠覆性技术方向，探索开展“揭榜挂帅”“赛马制”机制，利用市场竞争筛选最具竞争力的产品和企业，整合从基础研究、应用研究到未来技术产业化的全流程要素资源，构建“众创空间—孵化器—加速器—产业园”的全链条孵化体系，“无中生有”孵化培育一批原始创新型未来产业。对未来产业的遴选坚持战略留白原则，对一些看不准、看不清的领域，探索针对颠覆性技术的非共识遴选机制。根据前沿技术演变、市场需求变化的不确定性，及时动态调整未来产业的发展方向与重点领域。

二是聚焦京津冀、长三角、粤港澳大湾区等产业基础优势突出的区域，依托产业链布局创新链，探索产学研协同攻关和产业链上下游联合攻关，加快形成“科学家+企业家”的未来产业成长模式，鼓励龙头企业布局未来产业前沿领域，培育一批未来产业“链主”企业，积极引导未来产业中的专精特新中小企业成长为国内领先的“小巨人”企业，通过链主企业、产业联盟等开展集成创新、应用创新，孵化培育具有广阔市场前景的未来产业整机产品、标杆企业，“有中育新”全面打造迭代创新型未来产业集群。

三是支持中西部地区立足传统优势产业与特色应用场景，推动未来技术与传统制造、特色农业的融合创新，依托未来城市、未来医疗、未来交通、未来社区等重点应用场景集中发力，“优中培精”孵化培育若干特色鲜明的赋能创新型未来产业。

附　全国部分省市未来产业发展布局

一、北京市

1.发展重点

表1　北京市未来产业发展重点

发展重点	政策文件
类脑智能	《北京市“十四五”时期国际科技创新中心建设规划》 《北京市关于加快建设全球数字经济标杆城市的实施方案》 《标杆孵化器培育行动方案（2022—2025年）》
量子计算	
6G网络	
超材料和二维材料	
基因与干细胞	
元宇宙	
量子信息	
合成生物学	
生物制造	

续表

发展重点	政策文件
柔性制造	《北京市“十四五”时期国际科技创新中心建设规划》 《北京市关于加快建设全球数字经济标杆城市的实施方案》 《标杆孵化器培育行动方案（2022—2025年）》
光电子材料	
新型超导材料	
新一代空天系统	
卫星互联网	
新型低碳洁净能源	

2.发展目标

表2 北京市未来产业发展目标

时间节点	目标	政策文件
2025年	在人工智能、量子信息、生物技术等前沿技术领域实现全球领先水平，突破一批“卡脖子”技术	《北京市“十四五”时期国际科技创新中心建设规划》
	“高精尖”产业不断壮大，高成长、高潜力的未来产业加速培育	
5~10年	聚焦突破高端芯片、基础软硬件、开发平台、基本算法、量子科技、脑机科学等“卡脖子”和前沿核心技术，推出一批世界一流的首创技术、首制产品，成为全球数字技术创新策源高地	《北京市关于加快建设全球数字经济标杆城市的实施方案》

二、河北省

1.发展重点

表3　河北省未来产业发展重点

发展重点	政策文件
量子信息	《河北省战略性新兴产业发展“十四五”规划》 《河北省制造业高质量发展“十四五”规划》 《河北省科技创新“十四五”规划》
太赫兹	
基因技术	
合成生物	
前沿新材料	
第三代半导体	
柔性电子	
类脑智能	
碳捕集利用与封存	
区块链	
未来网络	
氢能与储能	
生物育种	

2.发展目标

表4　河北省未来产业发展目标

分类	目标	政策文件
创新成果	组织实施一批未来产业科技专项，推进关键共性技术、前沿引领技术和颠覆性技术创新，推动量子信息、太赫兹、基因技术、合成生物、前沿新材料、第三代半导体、柔性电子、碳捕集利用与封存等未来技术突破与产业化	《河北省战略性新兴产业发展“十四五”规划》

续表

分类	目标	政策文件
创新成果	支持开展量子密钥、量子隐形传态、量子机密共享等量子通信关键技术研究	《河北省战略性新兴产业发展“十四五”规划》
	加快太赫兹无线通信、高功率可控发射器等关键技术产品研发及产业化	
创新环境	支持具备条件的高校院所建立未来技术学院，统筹布局建设一批面向未来产业的创新平台和公共基础设施，打造未来产业发展应用场景	
	深化与国内外大院大所的协同创新，加强未来产业人才培养，引进培育一批“头部企业”，促进基础研究、应用研究与成果转化有序对接、融通发展	

三、山西省

1.发展重点

表5 山西省未来产业发展重点

分类标准	主要类型	发展重点	政策文件
未来产业成熟度	主导性未来产业	信息技术应用创新	《山西省“十四五”未来产业发展规划》
		大数据融合创新	
		碳基新材料	
		特种金属材料	
		半导体	
		先进功能材料	
		新能源	

续表

分类标准	主要类型	发展重点	政策文件
未来产业成熟度	先导性未来产业	先进轨道交通	《山西省“十四五”未来产业发展规划》
		智能网联新能源汽车	
		云计算与工业互联网	
		煤炭清洁高效利用	
		核能	
		氢能	
		电子信息装备	
		航空航天	
		海洋装备	
	颠覆性未来产业	量子产业	
		区块链产业	
		碳基芯片	
		高速飞车	
	前瞻性未来产业	人工智能	
		数字孪生与虚拟现实	
		下一代互联网	
		生物技术	
		智能传感及物联网	
未来产业类别	未来数字产业体系	信息技术应用创新	
		大数据融合创新	
		云计算与工业互联网	
		量子产业	
		区块链产业	
		人工智能	
		数字孪生与虚拟现实	
		下一代互联网	

续表

分类标准	主要类型	发展重点	政策文件
未来产业类别	未来材料产业体系	碳基新材料	《山西省“十四五”未来产业发展规划》
		特种金属材料	
		半导体	
		先进功能材料	
		碳基芯片	
	未来能源产业体系	新能源	
		煤炭清洁高效利用	
		核能	
		氢能	
	未来装备产业体系	先进轨道交通	
		电子信息装备	
		航空航天	
		海洋装备	
	未来生活产业体系	智能网联新能源汽车	
		高速飞车	
		生物技术	
		智能传感及物联网	

2.发展目标

表6　山西省未来产业发展目标

时间节点	目标	政策文件
2025年	“十四五”夯实基础 • 山西省成为我国发展未来产业的先行区。未来产业初步实现“从小到大”“从弱到强”“从无到有”的转变； • 深度融入京津冀一体化、长三角、粤港澳大湾区分工协同以及国家重大战略当中； • 为“十四五”转型出雏形目标实现奠定坚实基础	《山西省“十四五”未来产业发展规划》

续表

时间节点	目标	政策文件
2025年	规模总量快速提升 •未来产业主营业务收入达到8000亿元； •力争打造5个产业规模超千亿元的未来产业，形成一批跨界融合的新增长点； •未来产业成为山西省现代化产业体系的重要组成部分，并融入国家未来产业链条当中	《山西省"十四五"未来产业发展规划》
	头部企业持续壮大 •力争培育主营业务收入超千亿元的企业1个、超百亿元的企业30个； •国家级企业技术中心10户、国家级试点示范企业30户、高新技术企业1000户； •培育一批汇聚和配置全球资源、在细分领域占据统筹领导地位、在全国形成示范效应的头部企业	
	创新生态加速构建 •各高校设置的未来产业相关学科达到20个； •建成未来产业国家实验室、国家重点实验室、国家级制造业创新中心、技术创新中心、产业创新中心等6个； •形成基础理论研究—实验室创新—产业化生产完整链条的创新体系； •攻克一批关键核心技术，形成一批重点龙头产品	
	集聚发展日见成效 •主营业务收入超千亿元的未来产业集群或集聚区达到3个，集群内企业占到未来产业企业多数； •建成信创、碳基新材料、特种金属材料、合成生物产业4个国家级先进制造业产业集群； •形成若干具有全球影响力的未来产业发展策源地	

续表

时间节点	目标	政策文件
2025年	开发合作更加深化 •高新技术产品出口额的比重接近80%； •制造业实际使用外资较2020年增长50%； •一批国际国内未来产业顶级企业、研发机构落户山西； •融入“双循环”特别是融入国际未来产业效果显著，未来产业开放合作发展进入快车道	《山西省“十四五”未来产业发展规划》
2035年	十五年形成体系 •山西省成为我国未来产业发展的示范区； •未来产业体系基本建立，成为山西省经济发展的重要增长极； •人工智能、量子科技、生命科学、航天航空、海洋装备、新能源的关键共性技术创新能力名列国内前茅，重点产品和服务覆盖国内主要市场，一批龙头企业和创新平台初步具备国际引领作用	
2050年	三十年全面发展 •山西省成为我国未来产业发展的引领区； •未来产业构建起较成熟的产业体系，部分领域、关键核心技术创新能力达到国际一流水平，重点产品和服务覆盖全球主要市场，形成一批国际领军的龙头企业和创新平台	

四、辽宁省

1.发展重点

表7　辽宁省未来产业发展重点

发展重点	政策文件
量子科技	《辽宁省国民经济和社会发展第十四五年规划和2035年远景目标纲要》 《辽宁省深入推进结构调整“三篇大文章”三年行动方案（2022—2024年）》
增材制造	
柔性电子	
第三代半导体	
类脑智能	
基因技术	
未来网络	
深海空天开发技术	
氢能与储能	
石墨烯	
储能材料	

2.发展目标

表8　辽宁省未来产业发展目标（氢能）

时间节点	目标	政策文件
2025年	氢能产业实现产值600亿元，培育10家左右具有核心竞争力和影响力的知名企业，建成国内顶尖、世界一流的氢能产业研发与创新基地，国内领先的燃料电池发动机生产制造基地，东北亚重要的氢能生产储运基地和国内氢能产业示范应用先导区	《辽宁省氢能产业发展规划（2021—2025年）》

五、上海市

1.发展重点

表9　上海市未来产业发展重点

分类	发展重点	政策文件
未来健康产业	脑机接口	《上海打造未来产业创新高地发展壮大未来产业集群行动方案》
	生物安全	
	合成生物	
	基因和细胞治疗	
未来智能产业	智能计算	
	通用AI	
	扩展现实（XR）	
	量子科技	
	6G技术	
未来能源产业	先进核能	
	新型储能	
未来空间产业	深海探采	
	空天利用	
未来材料产业	高端膜材料	
	高性能复合材料	
	非硅基芯材料	

2.发展目标

表10　上海市未来产业发展目标

时间节点	目标大类	目标	政策文件
2030年	产业规模	在未来健康、未来智能、未来能源、未来空间、未来材料等领域涌现一批具有世界影响力的硬核成果、创新企业和领军人才	《上海打造未来产业创新高地发展壮大未来产业集群行动方案》
		未来产业产值达到5000亿元左右	
	创新生态	建设核心技术自主创新的未来高地	
		依托各类社会主体，建设未来产业研究院	
		成立5家左右未来技术学院	
		培育15个左右未来产业创新中心	
		建设一批创新联合体，打通基础研究、应用基础研究到产业化的双向通道	
	企业生态	做强未来产业集群发展的未来引擎。促进产业集聚引领发展	
		打造5个未来产业集群，建设15个左右未来产业先导区	
		攻关100个左右核心部件，推出100件左右高端产品	
		形成100项左右中国标准	
	产业集群和创新成果	形成大中小企业融通创新的未来范式	
		推动10家左右领军企业向未来产业布局	
		发展20家左右生态主导型企业	
		打造100家左右企业技术中心	
		培育1000家左右高新技术企业	
		促进各类所有制企业相互融合	

续表

时间节点	目标大类	目标	政策文件
2030年	创新载体	营造要素集聚、开放包容的未来生态	《上海打造未来产业创新高地发展壮大未来产业集群行动方案》
		积极参与国际大科学计划和大科学工程，引进一批高层次战略科学家和企业家，持续优化创新生态	
		形成50个左右综合性应用场景，形成产学研用高效协同的创新生态	
2035年	企业生态	形成若干领跑全球的未来产业集群	

六、江苏省

1.发展重点

表11　江苏省未来产业发展重点

产业集群	发展重点	政策文件
未来网络通信	5G：5G关键技术研发突破与产业化，支持实施一批基于5G网络的智慧城市、智慧医疗、智慧教育等综合网络工程，大力推进“5G+工业互联网”应用	《关于推动战略性新兴产业融合集群发展的实施方案》
	6G：聚焦6G智能终端、系统设备、通感算一体化网络以及融合应用等领域，有序推进未来网络试验设施建设和规模化商用，打造未来网络新概念、新技术、新应用的引领者和发源地	
第三代半导体	材料制备：开展基于碳化硅（SiC）、氮化镓（GaN）等单晶衬底及外延材料制备	
	关键部件研发及产业化：推动宽禁带半导体电力电子器件、射频器件、大功率半导体激光器等关键部件研发及产业化	

续表

产业集群	发展重点	政策文件
第三代半导体	高标准建设国家第三代半导体技术创新中心，为产业发展提供源头技术供给	《关于推动战略性新兴产业融合集群发展的实施方案》
	建设国内领先、国际先进的第三代半导体产业基地	
前沿新材料	重点领域：聚焦高性能碳纤维及复合材料、石墨烯、纳米材料、高温超导材料、材料大数据等重点领域，加快材料制备、器件装备等关键技术攻关及产业化	
	超材料：围绕资源能源、环保、生命健康等领域，加快发展智能仿生材料以及电磁吸波、光子晶体和光操纵等超材料	
	建设应用示范平台，推动新一代材料与终端产品同步研发、生产、验证和应用	
氢能与储能	氢能：着力推进氢能“制运储用”全链条发展，加快氢能低成本高效制备、低温和高温燃料电池堆、关键材料等技术攻关，推动制氢和氢能储输设备关键技术研发和产业化，积极推动氢能检测服务及应用示范	
	储能：推动新型储能技术成本持续下降和规模化应用，加快压缩空气、液流电池等长时储能技术商业化进程，支持飞轮储能、化学储能等新一代储能装备的研发和规模化试验示范	
基因技术及细胞治疗	基因技术：聚焦基因组学新技术、新一代基因测序、基因治疗等重点领域，支持开展新型基因治疗药物、高通量基因测序仪及配套试剂、全基因组合成物等关键技术及重大战略产品研发应用	
	细胞治疗：深化产医融合发展，鼓励探索细胞治疗产业发展新模式	

续表

产业集群	发展重点	政策文件
深海空天开发	深海地空天：聚焦新一代重型运载火箭配套系统、地球深部探测装备、深海运维保障和装备试验船等，布局航天和深海深地产业发展	《关于推动战略性新兴产业融合集群发展的实施方案》
	卫星装备：围绕先进遥感、导航定位、空天信息服务和北斗卫星网络应用终端等领域，重点发展微型通信系统、卫星应急通信系统、卫星应用终端及卫星遥感应用等，加快新架构新技术新装备研发及产业化。推进北斗卫星导航在交通水利、电力环保、国土等领域广泛应用	
先进计算	推动大数据、云计算、分布式系统等现有架构技术及计算系统优化升级	
	加快异构计算、内存计算等新架构技术研发和应用	
	支持高性能图计算等颠覆性技术创新	
	加快先进计算基础设施建设，不断优化“计算系统+应用+服务”产业生态体系	
虚拟现实	重点突破三维化、虚实融合沉浸影音关键技术	
	不断丰富新一代适人化虚拟现实终端产品，进一步完善产业生态，实现虚拟现实在经济社会重要行业领域规模化应用，培育形成一批具有较强竞争力的龙头企业	
量子科技	聚焦量子信息材料与器件、量子模拟与计算、量子通信与网络、量子精密测量与计量以及关键装备等领域，加强量子科技发展总体布局和规划，加快量子科技重大创新平台建设，争取在基础研究、应用研究、技术研发、产业化等不同领域实现若干突破性进展	

续表

产业集群	发展重点	政策文件
类脑智能	开展类脑多模态感知与信息处理、类脑芯片与系统、类脑计算系统等前瞻性研究，创新研发脑机接口、人机交互新技术和新装置	《关于推动战略性新兴产业融合集群发展的实施方案》
	推动类脑智能典型应用示范场景建设，提升脑科学基础研究在类脑智能产业的支撑能级，实现脑机融合技术在重大脑功能疾病诊断、治疗、康复等方面的临床应用	

2.发展目标

构建产业链条完备、产业特色鲜明、领先优势突出的“51010”战略性新兴产业集群体系，包括5个具有国际竞争力的战略性新兴产业集群、10个国内领先的战略性新兴产业集群、10个引领突破的未来产业集群。(《关于推动战略性新兴产业融合集群发展的实施方案》)

七、浙江省

1.发展重点

浙江省围绕打造“互联网+”、生命健康、新材料三大科创高地目标任务，以颠覆性技术突破为引领，兼顾未来场景应用所需前沿性技术，聚力构建以人工智能等12个领域为重点的未来产业发展体系。

表12　浙江省未来产业发展重点

分类	发展重点	政策文件
“互联网+”	人工智能	《关于浙江省未来产业先导区建设的指导意见》
	区块链	
	未来网络	
	量子信息	
	元宇宙	
生命健康	生物工程	
新材料	前沿新材料	
	第三代半导体	
	柔性电子	
其他	先进能源	
	先进装备制造	
	空天一体化	

2.发展目标

表13　浙江省未来产业发展目标

时间节点	目标	政策文件
2023年	在人工智能、区块链、第三代半导体、空天一体化、新能源、前沿新材料等优势领域建设一批未来产业先导区，积极创建国家级未来产业先导试验（示范）区	《关于浙江省未来产业先导区建设的指导意见》
2025年	颠覆创新力量显著增强、科创高地建设取得实效、未来产业体系构建完善，培育一批具有国际影响力的未来产业发展平台和龙头骨干企业，打造30个左右特色鲜明、引领发展的未来产业先导区，成为浙江省未来技术创新策源地、创新成果转化试验地、未来场景应用引领地、未来产业发展集聚地	

八、安徽省[1]

1.发展重点

表14　安徽省未来产业发展重点

生态圈	发展重点
量子信息	依托国家实验室量子信息基础研究优势资源，借助中国科学技术大学量子信息技术科研团队的带动辐射作用，近年来，安徽省量子信息源头成果持续涌现，量子信息成果转化卓有成效
	安徽省量子企业数量约占全国量子企业总量的三分之一。合肥量子城域网、“京沪干线”总控中心等示范应用项目均已建成，量子信息未来产业雏形显现
人工智能	发挥中国科学技术大学等科研资源优势，拥有语音及语言信息处理、类脑智能技术及应用国家工程实验室等研发平台，成功创建合肥国家新一代人工智能创新发展试验区，集聚了以科大讯飞股份有限公司为代表的数百家上下游相关企业
未来能源	充分发挥世界领先的大科学装置优势，在核聚变技术研究等未来科技前沿方向取得重要突破，技术水平位居全球先进行列
	以全超导托卡马克、聚变堆主机关键系统综合研究设施等装置和合肥综合性国家科学中心能源研究院为先导，以阳光电源股份有限公司、通威太阳能（合肥）有限公司、江淮大众新能源汽车（项目）、上海蔚来汽车有限公司（中国总部位于合肥）、国轩高科股份有限公司等科技企业为主体
	安徽正围绕新型能源、新型储能、新能源汽车等产业领域，加快推进氢能制备和存储、太阳能和风能高效利用、先进核能、新能源电池等产业化进程。同时，积极推进规模化储能、碳捕集利用与封存等科技发展与应用

[1]　安徽省科技厅.安徽谋篇布局未来产业发展[EB/OL].（2021-07-13）[2023-10-15]. https://www.most.gov.cn/dfkj/ah/zxdt/202107/t20210714_175852.html.

续表

生态圈	发展重点
生物医药	以精准医疗、基因编辑、创新药研制、新型医疗器械等未来生物医药科技发展作为重点方向，基本形成以原料药及中间体、化学药、中药及中成药生产为基础，以生物药、医疗器械为培育，以细胞和基因治疗、医疗人工智能、脑科学与类脑科学为前瞻布局，以医药流通和医药外包服务为协同的生物医药产业体系

2.发展目标

建设未来产业园区，培养未来产业发展的土壤，将未来产业园打造成点燃全域创新引擎的未来科创大脑，加快培育一批未来产业“独角兽”企业。

九、福建省

1.发展重点

表15　福建省未来产业发展重点

重点领域	发展重点	政策文件
未来网络	量子信息	《福建省“十四五”战略性新兴产业发展专项规划》
	6G	
	类脑智能	
	区块链	
基因与生物技术	基因技术	
	合成生物技术	
	下一代微生物组技术	
深海科技	深海矿产资源勘探与开发利用装备	
	深海油气资源探测与开采装备	
	深海生物资源开发利用	

2.发展目标

创新体系加快构建，掌握一批核心技术。谋划建设大科学装置，创建培育一批具备领先实力的国家重点实验室、工程研究中心、制造业创新中心、企业技术中心，聚集创新要件，为争创综合性国家科学中心打好坚实基础。突破战略性、前瞻性、颠覆性关键核心技术，开发新一代信息技术、高端装备、新材料、新能源等领域重点产品。

十、江西省

1.发展重点

表16　江西省未来产业发展重点

产业类型	产业领域	发展重点	政策文件
赋能型	未来信息通信	人工智能	《江西省未来产业发展中长期规划（2023—2035年）》
		工业互联网	
		元宇宙	
		柔性电子（新型电子元器件）	
		微纳光学（新型显示）	
		卫星应用	
		量子科技	
	未来新材料	稀土功能材料	
		高性能金属材料（铜、钨）	
		高性能纤维及复合材料	
		石墨烯材料	
		碳纳米管宏观膜与连续纤维	

续表

产业类型	产业领域	发展重点	政策文件
赋能型	未来新能源	新型储能（锂电、光伏）	《江西省未来产业发展中长期规划（2023—2035年）》
		氢能	
		先进核能	
		二氧化碳捕集利用与封存	
先导型	未来生产制造	智能机器人	
		增材制造	
		智能制造系统集成	
	未来交通	智能网联汽车	
		未来航空	
		中低速磁悬浮列车	
	未来健康	生命科学	
		生物技术（医药）	
		功能食品	
		智能医疗	

2.发展目标

表17　江西省未来产业发展目标

时间节点	目标	政策文件
2025年	突破一批重点领域关键核心技术，规模以上工业企业研发经费支出占营业收入比重达1.2%，未来产业创新生态初步搭建	《江西省未来产业发展中长期规划（2023—2035年）》
	探索设立一批未来产业先导试验区，部分领域实现从小到大、从无到有转变，特别在未来信息通信、未来新材料、未来新能源、未来健康和未来生产制造等领域，形成一批500亿级、千亿级未来产业集群或产业集聚区	

续表

时间节点	目标	政策文件
2030年	江西省未来产业规模突破2万亿元，在未来信息通信、未来新材料等领域打造若干个五千亿级产业，形成一批跨界融合的新增长点	《江西省未来产业发展中长期规划（2023—2035年）》
	优势特色产业领域关键共性技术创新能力取得重大突破，未来产业产品和服务能够覆盖国内主要市场，特别是在人工智能、智能制造系统集成、氢能产业、新材料等领域出现一批掌握核心技术的企业	
2035年	未来产业成为全省经济社会现代化发展的主导力量，部分领域、关键核心技术创新能力达到国际一流水平，重点产品和服务覆盖全球主要市场	
	集聚一批国际领军的龙头企业和创新平台，江西省产业结构得到明显改善，符合未来发展趋势的内生动力持续增强	

十一、山东省

1.发展重点

表18　山东省未来产业发展重点

产业分类	发展重点	政策文件
突破发展（无基础）	未来网络	《山东省建设绿色低碳高质量发展先行区三年行动计划（2023—2025年）》
	碳基半导体	
	类脑计算	
	深海极地	

续表

产业分类	发展重点	政策文件
做强（有基础）	氢能及储能	《山东省建设绿色低碳高质量发展先行区三年行动计划（2023—2025年）》
	量子科技	
	空天信息	
	磁悬浮	

2.发展目标

力争到2025年，建成10个左右链条完备、配套完善的未来产业特色园区，打造10个左右特色鲜明、创新力强的未来产业集群。

在新兴交叉、产业跨界、未来产业领域，推进一批科技示范工程。实施3000项企业技术创新项目。深入开展国家标准化创新发展试点。

加快东方航天港建设，打造国际一流的商业航天海上发射母港，建成北斗导航、天地一体化、济钢防务空天信息产业园等一批标志性工程。（《山东省建设绿色低碳高质量发展先行区三年行动计划（2023—2025年）》《2023年山东省政府工作报告》）

十二、河南省

1.发展重点

表19　河南省未来产业发展重点

产业分类	发展重点	政策文件
优中培精引领型产业	量子信息	《河南省“十四五”战略性新兴产业和未来产业发展规划》
	氢能与新型储能	

续表

产业分类	发展重点	政策文件
有中育新先导型产业	类脑智能	《河南省“十四五”战略性新兴产业和未来产业发展规划》
	未来网络	
无中生有潜力型产业	生命健康	
	前沿新材料	

2.发展目标

表20　河南省未来产业发展目标

时间节点	目标	政策文件
2025年	未来产业取得重大突破，增加值占战略性新兴产业增加值比重超过15%	《河南省“十四五”战略性新兴产业和未来产业发展规划》
	在新一代信息技术、生物技术、新材料、节能环保等领域形成一批支柱产业，成为拉动全省经济发展的新动能	
2035年	基本建立相对完善的未来产业体系，成为全国战略性新兴产业和未来产业发展新高地	

十三、湖南省

1.发展重点

表21　湖南省未来产业发展重点

产业分类	发展重点	政策文件
未来信息技术	下一代人工智能	《湖南省“十四五”战略性新兴产业发展规划》

续表

产业分类	发展重点	政策文件
未来信息技术	量子技术	《湖南省“十四五”战略性新兴产业发展规划》
	类脑智能	
	6G技术	
	下一代芯片	
前沿新材料	生物质材料	
	智能材料（含智能基材、光电元器件）	
	纳米材料	
	低维材料	
新能源	氢能	
	（支持可再生能源友好接入的）智能电网	
深地深海深空	深海资源开采	
	深地资源勘探和开采	
	深空探测设备（卫星产品与相关技术）	
其他	核能	
	合成生物	
	碳捕集利用与封存	

2.发展目标

表22　湖南省未来产业发展目标

目标大类	目标	政策文件
创新成果	实施一批科技重大专项，加强前沿技术的多路径探索、交叉融合创新，推动生产、设计、材料、装备、工艺和检测技术从“并跑”到“领跑”	《湖南省“十四五”战略性新兴产业发展规划》

续表

目标大类	目标	政策文件
产业链	依托颠覆性技术供给，推进一批技术孵化、技术转化、新产品生产项目，实现从基础研究、应用研究、概念验证到工程化中试、产业化推广应用的系统设计和全链条布局	《湖南省“十四五”战略性新兴产业发展规划》
创新环境	积极布局适应未来产业发展需求的创新平台与科技基础设施。加强未来产业人才引育，打造开放、包容的创新环境，鼓励研究人员自由探索。加强引导支持，推进前沿技术转化应用和迭代发展	

十四、广西壮族自治区

1.发展重点

表23　广西壮族自治区未来产业发展重点

发展重点	发展方向	政策文件
海洋产业	健全向海经济现代产业体系，推动远海开发利用	《广西战略性新兴产业发展“十四五”规划》《广西壮族自治区国民经济和社会发展第十四个五年规划和2035年远景目标纲要》
生命健康产业	加快发展合成生物和再生医学技术，积极发展生命健康产业，引入和转化一批生命健康产业核心技术	
量子通信	探索构建量子通信和泛在安全物联网	
通用航空	大力发展通用航空产业	

续表

发展重点	发展方向	政策文件
人工智能	推动人工智能技术与制造、能源、旅游、医疗、农业等重点行业的融合创新，发展基于新技术的“无人经济”，培育建设智能工厂，支持适应不同作物和环境的智能农机研发应用	《广西战略性新兴产业发展“十四五”规划》《广西壮族自治区国民经济和社会发展第十四个五年规划和2035年远景目标纲要》
氢能	积极探索氢能产业开发利用，推进氢能基础设施建设，发展氢能制取和储运，加快液氢燃料电池系统及相关装备研发产业化	

2.发展目标

加快建设现代产业体系，提升战略性新兴产业链供应链稳定性和竞争力，超前布局发展未来产业，推动产业规模化、高端化、集群化发展。(《广西壮族自治区国民经济和社会发展第十四个五年规划和2035年远景目标纲要》)

十五、海南省

1.发展重点

表24 海南省未来产业发展重点

发展重点	发展方向	政策文件
南繁育种	以市场需求为导向，加大南繁育种全产业链工业化生产设施、设备等的研制开发，助力南繁育种发展壮大，重点发展生物育种实验设备、育种育苗设备等，推动农业机械化和农机装备智能化	《海南省高新技术产业“十四五”发展规划》

续表

发展重点	发展方向	政策文件
深海科技	加快建设崖州湾深海科技城，谋划深海产业链，吸引深海科技相关企业和人才落户。主攻深远海探测、海洋工程装备、海洋资源勘探及开发利用等方向，加强相关装备与技术的自主研发、设计、制造及系统集成，提高深海产业的国际竞争力	《海南省高新技术产业“十四五”发展规划》
航天航空	抢抓临空经济、商业航天发展机遇，推动文昌国际航天城、江东新区临空产业园等开放化、国际化、商业化发展，推进火箭研发和商业卫星研制、卫星导航等产业发展，建设航天高端产品研发制造基地和“航天+”产业示范区	

2.发展目标

表25　海南省未来产业发展目标

时间节点	目标大类	目标	政策文件
2025年	南繁育种	培育引进高水平科研团队2~5个，培育引进相关产业链高新技术企业230家，营业收入达到200亿元	《海南省创新型省份建设实施方案》
		推进海南省崖州湾种子实验室建设。推进全球动植物种质资源引进中转基地、国家耐盐碱水稻技术创新中心、国家精准设计育种中心、国家南繁作物表型设施建设	
	深海科技	培育引进深海领域科研团队2~5个，培育引进相关产业链高新技术企业230家，营业收入达到200亿元	

续表

时间节点	目标大类	目标	政策文件
2025年	深海科技	加快推进深海科技城建设，培育建设若干海洋领域国家重点实验室，完成深远海科技中心服务保障基地、深海科技创新公共平台、深海科考码头等科技创新载体建设。海洋生物技术公共研发基地、国家海洋综合试验场（深海）、南海生物多样性资源库和生物种质库等一批科研条件平台建成并投入运行	《海南省创新型省份建设实施方案》
	航天航空	培育引进航天领域科研团队1~3个，培育引进相关产业高新技术企业40家，营业收入达到70亿元以上	
		加快文昌国际航天城建设，培育建设空间对地观测省部共建国家重点实验室，建成星箭研制、航天先进制造、发射、航天应用的航天科技创新平台3个。推进形成涵盖航天科普、教育、旅游、综合服务在内的航天旅游产业	

十六、沈阳市

1.发展重点

沈阳市重点在未来生产（智能机器人、增材制造、智能制造系统集成）、未来交通（智能网联汽车、通用航空、智慧交通）、未来健康（生命科学、生物技术、智能医疗）、未来信息技术（人工智能、工业互联网、区块链）、未来材料（储能材料、航空材料、半导体材料、纳米材料、防腐材料）、重大疾病诊治、云计算与大数据等领域开展前沿性基础研究。（《沈阳市国民经济和社会发展第十四个五年规划和2035年远景目标纲要》）

2.发展目标

实现重点创新链和重点领域关键核心技术攻关，谋划布局未来生产、未来交通、未来健康三大未来主导产业技术和未来信息技术、未来材料两大赋能产业技术，形成“3+2”未来产业技术体系结构，提升产业链自主可控能力。（《沈阳市国民经济和社会发展第十四个五年规划和2035年远景目标纲要》）

十七、南京市

1.发展重点

表26　南京市未来产业发展重点

发展重点	发展方向	政策文件
新一代人工智能	将加强前沿基础理论研究、推动关键技术的研发和产业化，并重点在工业制造、医疗健康、智能交通、城市治理等重点领域应用推广	《南京市加快培育新赛道发展未来产业行动计划》
第三代半导体	在电力电子、射频电子、光电子、第三代和超宽禁带半导体材料领域，突破一批关键核心技术和产业技术瓶颈	
	促进第三代半导体产品在新能源汽车、智能电网、5G通信、轨道交通、智慧照明、光通信等产业领域应用	

续表

发展重点	发展方向	政策文件
基因与细胞	聚焦基因组学新技术、新一代基因测序、基因编辑、基因和细胞治疗等重点领域，围绕共性关键技术开展攻关，在关键工艺、上下游核心材料、产品开发方面形成产业集聚和协同，形成全国领先的基因与细胞全产业链布局	《南京市加快培育新赛道发展未来产业行动计划》
元宇宙	围绕元宇宙重点关键技术布局重大科技专项	
	积极争取国家、省元宇宙重大科技成果在南京市率先应用和产业化转化，重点在工业制造、文旅、教育、商贸、城市治理等领域打造元宇宙场景应用	
未来网络与先进通信	打造全链条、高端化的未来网络与先进通信产业体系	
	推动新技术在工业互联网、车联网、算力调度网等领域的示范应用	
储能与氢能	推进电化学储能、压缩空气储能等新型储能技术应用，推动新能源汽车动力电池循环利用	
	支持开展一批氢能领域关键技术攻关，推进氢燃料电池汽车配套加氢基础设施建设	

2.发展目标

表27　南京市未来产业发展目标

时间节点	目标	政策文件
2025年	南京市未来产业实现主营业务收入3000亿元以上，增加值占全市生产总值5%左右	《南京市加快培育新赛道发展未来产业行动计划》
	重点突破一批填补国内空白的关键核心技术，未来产业竞争优势和示范带动能力显著提升，发展水平位居全国第一方阵	

续表

时间节点	目标	政策文件
2030年	全市未来产业实现主营业务收入15000亿元以上，增加值占全市生产总值15%左右	《南京市加快培育新赛道发展未来产业行动计划》
	打造未来产业科技原始创新策源地，形成一批战略性新兴产业集群，带动产业发展能级整体跃升，成为引领全国未来产业发展的重要战略力量	

十八、杭州市

1.发展重点

杭州市立足全球趋势、国家战略和杭州信息经济基础优势，加快培育人工智能、虚拟现实、区块链、量子技术、增材制造、商用航空航天、生物技术和生命科学等具有重大引领带动作用的未来产业。（《杭州市人民政府关于加快推动杭州未来产业发展的指导意见》）

2.发展目标

到2025年，基本形成特色鲜明、重点突出、布局合理、链条完整、效益显著的产业发展格局，未来产业成为新的重要经济增长点。

创新能力显著提升。产业发展核心关键技术实现重大进展，取得一批自主知识产权；到2025年，新建国家、省创新载体30个以上，组织实施重大产业和关键技术创新突破项目100个。

产业结构不断优化。培育若干个具有全球影响力的未来产业发展平台和龙头骨干企业；到2025年，销售收入超百亿元企业10家以上，超50亿元骨干企业50家以上。

示范应用取得突破。未来产业科技成果在经济发展、社会治理重点领域的创新应用全面展开，推动智慧产业化、产业智慧化和智慧应用能力水平迈上新台阶。（《杭州市人民政府关于加快推动杭州未来产业发展的指导意见》）

十九、宁波市

1.发展重点

表28　宁波市未来产业发展重点

发展重点	发展方向	政策文件
空天信息	空天信息应用服务、航天发射服务、航空航天装备、航天育种	《宁波市未来产业培育与发展规划（2020—2035年）》
先进前沿材料	石墨烯基新材料、先进高分子材料、新型膜材料、电子信息材料、海洋新材料	
氢能开发及应用	氢能开发及应用、氢能装备制造、氢气制储运、氢能示范应用、探索氢能新技术	
先进功能装备	智能机器人、智能终端设备、智能测控装备、智能汽车	
金融科技和区块链应用	智慧金融、监管科技、区块链核心技术、“区块链+”示范应用	

2.发展目标

到2025年，初步形成特色鲜明、重点突出、布局合理的发展格局，关键核心技术、产业集群建设、企业主体培育和率先示范应用取得明显突破，未来产业占战略性新兴产业增加值的比重达15%左右，占规模以上工业增加值的比重达5%左右，成为新的经济增长点，使宁波市成为具有全球竞争力和影响力的未来产业发展高地。

关键核心技术取得突破。在商业航天发射、卫星通导遥、微创介入器械、人工智能解析交互等领域突破关键核心技术，力争取得一批重大科技创新成果。

产业集群建设取得突破。以市场需求为导向，强化产业链上下游配套能力，在先进前沿材料、氢能开发及应用、先进功能装备等现已具备一定基础的领域形成明显集群效应，空天信息、金融科技和区块链应用等领域集聚效应初显。

企业主体培育取得突破。优化未来产业发展生态，吸引国内外知名未来产业领域企业落户，扶持领军民营企业积极参与未来产业发展，在商业航天发射、卫星互联网、机器人、氢能生产等细分领域，打造一批优势明显、引领作用强的行业龙头企业。

率先示范应用取得突破。在空天信息和氢能开发应用等领域，开展车联网、船联网、物联网、氢燃料电池汽车等场景示范应用，推广国际化应用，稳步扩大市场占有率，氢燃料电池汽车运行规模力争突破500辆。

到2035年，基本建成高科技特色明显、细分领域优势突出、具有全国竞争力的未来产业体系，引领全市产业转型升级，实现经济高质量发展。（《宁波市未来产业培育与发展规划（2020—2035年）》）

二十、九江市

1.发展重点

表29 九江市未来产业发展重点

发展重点	发展方向	政策文件
新型能源	在产业方向上重点培育氢能与储能产业发展壮大，协同推动核能、光伏、生物质能源等新型能源产业培育；在产业链上着重突出相关制造业项目落地成长；在示范应用上重点突出车、船等场景应用	《九江市人民政府办公室关于加快推动九江未来产业发展的指导意见》
生命健康	重点聚焦同位素研制、质子治疗两大领域，协同发展生物医药、高端医疗器械、智能健康产品等制造领域，延伸发展健康服务、医药流通等服务领域，着力将九江打造成为国际医用同位素生产及销售中心	
量子通信	率先打造“一网、一站、一云、一平台、一基地”，即建设九江市量子通信城域网；建设华中地区首个量子卫星地面站；建设华中区首朵量子可信云；建设全国首个基于量子安全的能源（石化）工业互联网应用示范平台；建设江西量子通信产业基地	

2.发展目标

力争通过3~5年的努力，有1~2个重点未来产业成长为九江“新名片”、产业“新地标”。再通过3~5年的努力，将九江打造成创新成果转化试验地、未来场景应用引领地、未来产业发展集聚地，力争成为国家未来产业先导试验区。（《九江市人民政府办公室关于加快推动九江未来产业发展的指导意见》）

二十一、济南市

1.发展重点

表30 济南市未来产业发展重点

发展重点	发展方向	政策文件
量子科技	发挥量子保密通信“京沪干线”重要节点城市优势，支持山东量子、国迅量子芯发展壮大，拓展“量子+”应用示范，加快量子科技产业化进程	《2023年济南市政府工作报告》
人工智能	提升人工智能产业规模能级。深化“双区同建”，加快人工智能智算中心、人工智能岛、人工智能谷等平台建设，力争人工智能产业规模达到千亿级。加强前沿产业跟踪突破	
其他未来产业	聚焦元宇宙、未来通信、智能仿生、扩展现实、基因编辑、类脑智能等领域，积极引进布局一批带动性强的产业项目，加快技术研发和应用推广，打造未来发展新引擎	

2.发展目标

建立支持未来产业发展政策体系，加强专利布局、人才储备、平台建设、场景开发，加快建设未来产业先导区。

到2025年国家级、省级集群达到8个以上。(《2023年济南市政府工作报告》《济南市深化新旧动能转换推动绿色低碳高质量发展三年行动计划（2023—2025年）》)

二十二、洛阳市

1.发展重点

洛阳市重点发展以储能和氢能为代表的能源产业、以钨钼钛关键战略材料为代表的前沿材料产业、以生物制品和健康服务为代表的健康产业、以大数据和智能机器人为代表的智能产业。(《洛阳市未来产业推进方案》)

2.发展目标

到2025年，培育百亿级企业1家或2家，新增省级及以上创新平台5家，实现储能电池、氢气储运等关键核心技术的突破，并形成全链条规模化产业集群，产业规模达到200亿元。

到2035年，建设氢能应用示范城市，打造全国储能与氢能产业创新高地。(《洛阳市未来产业推进方案》)

二十三、武汉市

1.发展重点

武汉市重点发展电磁能、量子科技、超级计算、脑科学和类脑科学、深地深海深空、基因工程、生物医学成像、氢燃料电池、区块链等未来产业，并对发展方向作了具体部署。

表31 武汉市未来产业发展重点

发展重点	发展方向	政策文件
电磁能	攻克大功率电磁装备，开展新型舰船电磁装备、超导磁悬浮轨道交通装备研发，推动电磁能产业化	《武汉市工业高质量发展“十四五”规划》
量子科技	突破量子测量、量子计算等领域关键核心技术和产品，推进关键技术研发和示范应用，加强量子通信基础应用网络和量子通信装备研制、产业运营平台建设	
超级计算	聚焦高性能计算、云计算等，提升海量数据存储、数据挖掘、数据交易、信息管理分析能力，打造“科技算盘”，建设“算力城市”	
脑科学和类脑科学	聚焦脑重大疾病诊治、类脑计算与脑机智能等，推动脑科学与人工智能的有效结合，加快发展全脑图谱扫描仪、脑机交互系统等产品	
深地深海深空	聚焦地球深度勘探开发、深海装备、深空对地探测等，突破深地深海高端探测技术开发与装备制造、地下空间开发、遥感卫星探测等技术，增强作业支持能力和资源开发能力	

2.发展目标

打造策源能力突出的未来产业集群。到2025年，产业自主创新能力显著增强，突破一批关键核心技术与产品。高端产业重点领域从“跟跑”向“并跑”“领跑”迈进。到2035年，新兴产业支柱作用进一步凸显。产业链供应链自主可控能力显著增强，重点产业在全球分工和价值链中的地位显著提升。（《武汉市工业高质量发展“十四五”规划》）

二十四、深圳市

1.发展重点

表32　深圳市未来产业发展重点

发展重点	发展方向	政策文件
合成生物	重点发展合成生物底层技术、定量合成生物技术、生物创制等领域，加快突破人工噬菌体、人工肿瘤治疗等创制关键技术，推进合成生物重大科技基础设施建设，建设合成生物学研发基地与产业创新中心	《深圳市人民政府关于发展壮大战略性新兴产业集群和培育发展未来产业的意见》
区块链	重点发展底层平台技术、“区块链+金融”、“区块链+智能制造”、“区块链+供应链”等领域，推动在技术框架、测评体系、应用规范、跨链互操作等领域形成一批技术标准和规范，打造区块链创新引领区	
细胞与基因	重点发展细胞技术、基因技术、细胞与基因治疗技术、生物育种技术等领域，完善细胞和基因药品审批机制、监管体系、临床试验激励机制、应用推广机制，加快建设细胞与基因产业先导区	
空天技术	重点发展空天信息技术、先进遥感技术、导航定位技术、空天装备制造等领域，推动航空航天材料及部件、无人机、卫星等技术创新，规划建设国内领先的空天技术产业研发与制造基地	
脑科学与类脑智能	重点发展脑图谱技术、脑诊治技术、类脑智能等领域，开展类脑算法基础理论研究与前沿技术开发，推进脑解析与脑模拟重大科技基础设施建设，抢占脑科学领域发展制高点	

续表

发展重点	发展方向	政策文件
深地深海	重点发展深地矿产和地热资源开发利用、城市地下空间开发利用、深海高端装备、深海智能感知、深海信息等领域，推进国家深海科考中心、海洋大学等重大项目建设，打造深地深海科技创新高地	《深圳市人民政府关于发展壮大战略性新兴产业集群和培育发展未来产业的意见》
可见光通信与光计算	重点发展可见光通信技术、光计算技术等领域，推动建立可见光通信标准化体系，布局一批高价值专利，促进可见光通信技术与光计算技术的应用示范，培育可见光通信技术与应用创新产业集群	
量子信息	重点发展量子计算、量子通信、量子测量等领域，建设一流研发平台、开源平台和标准化公共服务平台，推动在量子操作系统、量子云计算、含噪声中等规模量子处理器等方面取得突破性进展，建设粤港澳大湾区量子科学中心	

2.发展目标

表33　深圳市未来产业发展目标

时间节点	目标	政策文件
未来5~10年内	围绕合成生物、区块链、细胞与基因、空天技术等四个未来产业，强化前沿技术研究和技术应用，突破一批关键核心技术、前沿引领技术和颠覆性技术，推动一批重大科技成果产业化，培育壮大产业新增长点	《深圳市培育发展未来产业行动计划（2022—2025年）》
未来10~15年内	围绕脑科学与类脑智能、深地深海、可见光通信与光计算、量子信息等四个未来产业，加强基础研究和应用基础研究，开展重大科学问题研究和前沿技术研发，取得一批重大科技成果，为产业发展集聚创新能量	

二十五、成都市

1.发展重点

表34 成都市未来产业发展重点

发展重点	发展方向	政策文件
量子科技	围绕量子软件算法、量子精密测量、量子云计算等细分领域和关键技术，进行链条式创新和技术突破，打造成都量子细分领域的后发优势	《成都市“十四五”数字经济发展规划》
光刻设备	布局“大制程”光刻机产品、中高端光刻机、光刻机IC后道封装，为攻克芯片核心技术“卡脖子”难题奠定基础	
6G通信	加快发展太赫兹通信、6G通信安全，抢占未来信息产业风口	
脑科学	加快发展脑机交互、类脑智能，争取打造颠覆性技术突破新优势	
XR（扩展现实）	加快发展扩展现实软硬件产品、服务平台及行业解决方案，积极拓展扩展现实应用场景，促进交互方式突破创新	
隐私计算	加快发展隐私计算技术产品及行业解决方案，大力拓展隐私计算应用场景，增强数据安全防护能力	

2.发展目标

数字技术创新策源能力显著增强。人工智能、量子计算、区块链等数字经济关键核心技术取得重大突破。高水平创新人才、高能级创新平台加快汇聚，数字技术创新生态不断完善，形成一批走在全国、全球前列的引领性创新成果。数字产业竞争力不断提升。数字经济核心产业迈上新台阶，数字新兴优势产业逐步壮大，数字经济未来赛道加快形成。

参考文献

白宇轩，等，2023. 我国发展未来产业的优势条件、重点领域与对策建议[J]. 企业经济，42（07）：90-101.

本刊综合，2022. 杭州召开科技创新大会：打造科技成果转移转化首选地[J]. 杭州科技，53（06）：13-14.

曹方，等，2022. 从产业生命周期的角度认识未来产业发展路径[J]. 科技中国（01）：38-42.

陈坤，2022. 探索建立以创新能力为核心的科创企业信贷评价体系[J]. 中国银行业（11）：79-81.

陈晓怡，等，2022. 全球未来产业最新发展举措、趋势及其启示[J]. 科技中国（04）：69-73.

方晓霞，等，2023. 未来产业：世界主要发达国家的战略布局及对我国的启示[J]. 发展研究，40（02）：31-38.

胡拥军，2023a. 加快前瞻布局未来产业的形势研判与政策导向[J]. 中国经贸导刊（09）：52-53.

胡拥军，2023b. 未来产业的发展态势、时空布局与政策建议[J]. 中国经贸导刊（11）：71-73.

胡拥军，等，2023c. 突出地方优势布局未来产业[N]. 经济日报，2023-04-25（005）.

黄雅茹，2022. 论我国高新技术产业投融资模式及其对策[J]. 全国流通经济（24）：107-110.

焦永利，2022. 构建面向未来产业的新型产业政策体系[J]. 新经济导刊（03）：35-39.

李军凯，等，2023. 构建面向未来产业的创新生态系统：结构框架与实现路径[J]. 中国科学院院刊，38（06）：887-894.

李晓华，2022a. 技术推动、需求拉动与未来产业的选择[J]. 经济纵横（11）：45-54.

李晓华，2022b. 未来产业发展的新趋势和中国特色发展之路[J]. 人民论坛（13）：76-81.

李晓华，2022c. 未来产业抓住优势走出具有中国特色的发展之路[J]. 财经界（25）：32-33.

李晓华，等，2021. 未来产业的演化机制与产业政策选择[J]. 改革（02）：54-68.

刘刚，等，2022. 孵化未来产业的新型创新组织[J]. 理论与现代化（05）：23-30.

刘如，2021. 美国DARPA牵引高新技术创新发展的经验及启示[J]. 科技中国（02）：20-25.

刘润达，2023. 加快形成新质生产力发挥企业创新主体作用[J]. 中国中小企业（10）：68-70.

刘世锦，2023. 推动未来产业高质量发展的六大支柱[J]. 新经济导刊（01）：4-7.

刘小容，2022. 奋力打造“全域场景创新之城”[N]. 合肥晚报，2022-11-17（4）.

刘益东，2014.“高门槛宽门框”的杰才标准与开放式评价：实施新型的学术带头人负责制是科技体制改革的突破口[J]. 未来与发展，38（09）：2-10.

刘媛媛，等，2023. 全球数字领域未来产业战略布局及路径选择[J]. 开发研究（04）：52-61.

孟宪平，2022. 合肥：打造产业投融资“合肥模式”[J]. 中共合肥市委党校学报，21（06）：60-61+64.

欧阳日辉，2023. 数字经济成为地方经济高质量发展主引擎：从地方政府工作报告看如何加快发展数字经济[J]. 银行家（02）：57-61.

潘教峰，等，2023a.《2022技术聚焦》：20个高影响力专利技术焦点分析解读[J]. 中国科学院院刊，38（01）：167-177.

潘教峰，等，2023b. 从战略性新兴产业到未来产业：新方向、新问题、新思路[J]. 中国科学院院刊（03）：407-413.

渠慎宁，2022. 未来产业发展的支持性政策及其取向选择[J]. 改革（03）：77-86.

沈华，等，2021. 我国发展未来产业的机遇、挑战与对策建议[J]. 中国科学院院刊，36（05）：565-572.

石伟，2016. 为科技创新再“松绑”[N]. 学习时报，2016-06-06（1）.

苏振锋，等，2017. 当前推进科技创新的五种模式[N/OL]. 青海日报，（2017-01-23）[2023-10-15]. https://www. qhlingwang. com/xinwen/qinghai/2017-01-23/67472. html.

王晓明，2023. 锚定未来产业：演进趋势及路径展望[J]. 上海经济（01）：4-11.

王秀丽，2022. 未来产业发展规律及其区位选择[J]. 中国发展观察（09）：89-93+98.

吴迪，2023. 促进未来产业健康有序强劲发展[J]. 宏观经济管理（04）：5-12.

谢科范，等，2022. 未来产业：内涵特征、成长模式与发展策略[J]. 新经济导刊（03）：26-30.

杨丹辉，2022. 未来产业发展与政策体系构建[J]. 经济纵横（11）：33-44.

余东华，2020.“十四五”期间我国未来产业的培育与发展研究[J]. 天津社会科学（03）：12-22.

张航，2021. 世界最亮同步辐射光源安装电子枪[N]. 北京日报，2021-08-16（1）.

张九庆，等，2020. 概念验证中心如何“西为中用”[N/OL]. 中国科学报，（2020-01-03）[2023-10-16]. http://old2022. bulletin. cas. cn/zgkxyyk/ch/reader/view_news. aspx?id=20200103044938832.

张凯凯，等，2023. 创新“大场景”凝聚转化“大能量”[N]. 宁波日报，2023-02-10（1）.

张雪，等，2020. 合成生物学领域的基础研究与技术创新关联分析[J]. 情报学报，39（03）：231-242.

张越，等，2023. 颠覆性技术驱动的未来产业培育模式与路径研究：美国布局下一代集成电路产业的启示 [J]. 中国科学院院刊，38（06）：895-906.

赵剑波，2021.“三大效应”加速未来产业涌现 [J]. 清华管理评论（Z1）：73-81.

周波，等，2021. 世界主要国家未来产业发展部署与启示 [J]. 中国科学院院刊，36（11）：1337-1347.